GOLDMANN SCHOTT
OPERN DER WELT

Albert Lortzing

Zar und Zimmermann

*Dieser Opernführer wurde
verfaßt und herausgegeben von*
Kurt Pahlen
unter Mitarbeit von Rosemarie König

Originalausgabe

Wilhelm Goldmann Verlag

Musikverlag B. SCHOTT'S Söhne

Die Verwendung der Notenbeispiele aus dem Klavierauszug
(EDITION PETERS) erfolgt mit freundlicher Genehmigung von
C. F. Peters Musikverlag, Frankfurt.
Die Diskographie wurde von Albert Thalmann, Bern zusammenge-
stellt.

Abbildungen: Bregenzer Festspiele (S. 212/13); Sabine Toepffer,
München (S. 198, 200/01, 228/29, 231, 233, 238/39, 240/41, 243,
249); Volksoper Wien (S. 234); Archiv Pahlen (S. 6, 183, 209, 224,
225, 254, 257, 265, 267, 268)

Rosemarie König und Albert Thalmann (Diskographie)
danke ich an dieser Stelle herzlich für ihre wertvolle
Mitarbeit.

Kurt Pahlen

Made in Germany · 5/81 · 1. Auflage · 118
© 1981 by Wilhelm Goldmann Verlag München
Umschlaggestaltung: Atelier Adolf & Angelika Bachmann, München
Satz: type center, München
Druck: Presse-Druck, Augsburg
Verlagsnummer 33047
Redaktion: Gerda Weiss · Herstellerische Betreuung: Gisela Ernst
ISBN 3-442-33047-5

Inhalt

Albert Lortzing
in seiner Leipziger Zeit (Gemälde von W. Souchon)

Zur Aufführung

TITEL

»Zar und Zimmermann«

BEZEICHNUNG
Komische Oper in drei Akten
(Ouvertüre und 16 Musiknummern)
Uraufführung: Leipzig, 22. Dezember 1837.

PERSONENBEZEICHNUNG

Peter der Große, damals noch
    Peter I., Zar von Rußland,
    unter dem Namen Peter Michaelow
    oder Michailow als Zimmermanngeselle
    auf einer Werft arbeitend . . . . . . Bariton
Peter Iwanow,
    ein junger russischer Deserteur,
    Zimmermanngeselle . . . . Tenor
van Bett, Bürgermeister des
    holländischen Städtchens Saardam . . Baß
Marie, seine Nichte . . . . Sopran
General (auch Admiral) Lefort,
    Berater des Zaren im
    Gesandtenrang . . . . Baß
Marquis von Chateauneuf,
    französischer Gesandter . . . . Tenor
Lord Syndham,
    englischer Gesandter . . . . Baß
Witwe Browe, Besitzerin der . . . . . Mezzosopran
    Werft zu Saardam . . . . oder Alt

Ein Offizier, Wachsoldaten, ein Ratsdiener, Zimmerleute,
Gesellen, Bewohner von Saardam, Matrosen.

SCHAUPLATZ UND ZEIT

Saardam (Zaandam) in Holland. – Nach Lortzings Angabe 1698, historisch eher 1697.

ORCHESTERBESETZUNG

2 Flöten – 1 kleine Flöte – 2 Oboen – 2 Klarinetten – 2 Fagotte – 4 Hörner – 2 Trompeten – 3 Posaunen.
Pauken, Trommel, Triangel
Streicher (zweigeteilte Violinen, Bratschen, Celli, Bässe).

CHORBESETZUNG

Gemischter Chor (Soprane, Alte, Tenöre, Bässe).

*Kompletter Text
mit
musikalischen Erläuterungen*

Die Ouvertüre setzt mit einem Andante-Teil ein, also einer tempomäßig langsameren Einleitung, die aber nicht schleppend oder feierlich gemeint ist:

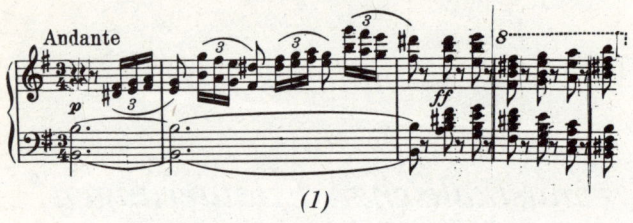

(1)

In ihr liegt rhythmische Bewegung, die etwas von der Geschäftigkeit der kommenden Handlung andeuten könnte, sowie wuchtige Akkordschläge des gesamten Orchesters, die man vielleicht der Energie des zielbewußten Zaren zuordnen sollte (wenn man solche Assoziationen überhaupt suchen will). Dann bricht ein fröhliches Allegro los, und damit sind wir in der übermütigen Lustspielatmosphäre, die einem wesentlichen Teil des Werkes zugrunde liegen wird. Die Celli spielen immer wieder eine leere Quinte an – »Dudelsackquinte« genannt –, und die Geigen entwickeln darüber eine fröhliche Melodie:

(2)

Die beschleunigt sich noch (oder wirkt durch immer kürzere Notenwerte immer bewegter), bis aus ihr die lyrischere Melo-

OUVERTÜRE

die herauswächst, die in der Oper im Sextett Nr. 10 Verwendung findet:

(3)

»*Leggieremente*« *(also: leicht, froh, vorüberhuschend, unbeschwert) jagt dann eine neue Melodie vorbei (die ebenfalls im Sextett Verwendung findet):*

(4)

und in abwechselndem Spiel mit den Themen 3 und 4 – beide
nun in dem als Haupttonart der Ouvertüre anzunehmenden
E-Dur (das einschmeichelnder, weicher ist als das vorher
verwendete G-Dur) – läuft, dynamisch und im Tempo lust-
spielmäßig gesteigert, das Tonstück zu Ende: eine hübsche
Komödieneinleitung, die Stimmung und Klima schafft,
Opernmelodien vorausnimmt (wie es in diesem Genre sowie
in der verwandten Operette üblich ist), in der Form frei gestaltet erscheint, wenn auch eine gewisse Anlehnung an den
»klassischen« Sonatensatz herausgehört werden könnte.

Mit rhythmisch belebten Chören setzt die Handlung ein;
Lortzing hat den Chören im ganzen Werk eine überdurchschnittlich große Rolle zugewiesen. Hier geht ein bewegter
Arbeitsrhythmus durch die Musik, die Werft ersteht nicht nur
szenisch, sondern auch akustisch vor uns:

(Fortsetzung des Notenbeispiels S. 16)

ERSTER AUFZUG
Innere Ansicht der Schiffswerft zu Saardam

ERSTER AUFTRITT
*Viele Zimmerleute bei der Arbeit, unter ihnen
Peter Michaelow und Peter Iwanow.*

Nr. 1 Introduktion und Lied
Chor der Zimmerleute, Iwanow und Zar:
> Greifet an und rührt die Hände,
> Baut des Schiffes stolze Wände!
> Greifet an!
> Rastet nicht in der Pflicht!
> Tag für Tag, Schlag für Schlag!
> Handwerksmann hat seine Plagen,
> Lust zur Arbeit hilft sie tragen.

Zar (im Vordergrund arbeitend, für sich):
> Dieses Wogen, dieses Streben –
> Wie es doch mein Herz so hoch erfreut.
> Der ist glücklich, der sein Leben
> Solcher Arbeit stets geweiht.

Iwanow (auf der andern Seite):
> Froher Mut, leichtes Blut
> Und dazu ein frohes Lied,
> Das aus vollem Herzen sprüht –
> Das ist gut.

(5)

Die Arbeit stockt mehr und mehr, während die Zimmerleute
»Peter Michailow« (den Zaren) um ein Lied bestürmen. Sie
sammeln sich um ihn und lauschen seinem »Zimmermanns-
lied«:

(6)

Es ist im Polonaisen-Rhythmus komponiert (Dreivierteltakt
mit einer punktierten Viertelnote zu Beginn der ersten Takte
jeder Phrase). Die Melodie ist dreitaktig gegliedert (was ge-

Chor: Recht, ganz recht, was soll gelingen,
      Muß man mit Gesang vollbringen.
Iwanow (auf den Zaren zeigend):
      Hier, Gefährten, der vor allen
      Weiß solch Lied uns vorzutragen.
Zar (sich erhebend): Euch zu gefallen,
      Sei es denn! Mög' es euch behagen.
            (Alle sammeln sich um den Zaren.)

Lied

      Auf, Gesellen, greift zur Axt und regt die nerv'gen
      Arme,
      Daß so Herz als Blut mit jedem Streiche mehr erwar-
      me!
      Dröhnt der Schlag im Holz, als will die Erde erbeben,
      Jauchzt des Zimmermannes Brust vor wonnigem Le-
      ben.
      Wackrer Zimmermann, hast ja Freude dran –
      Wohlauf!
      Denke, was du kunstvoll bauest, trotzt jeder Wut in
      grausen Wettern;
      Was dein Beil erfaßt, das muß ein kräftiger Hieb auch
      zerschmettern.
Chor (die Äxte schwingend), Iwanow und Zar:
      Zimmermann zu sein, ist eine Lust,
      Stete Arbeit kräftigt seine Brust:
      Stattlich Werkzeug und des Liebchens Kuß,
      Freunde, das ist Hochgenuß!
Zar: Auf, Gesellen, der Gigantenbau kann nur gelingen,

genüber den üblichen Viertaktphrasen eine kleine Ausnahme darstellt). Spielt der Polonaisencharakter, der im slawischen Osten Europas zu Hause ist, auf die Nationalität des Sängers an? Es wäre denkbar. Das Lied besitzt zwei völlig gleich gebaute Strophen, wie im Singspiel üblich. Beide Male fällt der Chor brausend und begeistert ein, wobei er teilweise des Zaren Rhythmus übernimmt.

Dann wenden sich alle wieder der Arbeit zu, der Chor kehrt zu seiner Anfangsmelodie (5) zurück, und froh rollt das Stück zu Ende, wobei das Orchester zuerst noch im Polonaisenrhythmus mit launigen Bläserfiguren, danach krachend im Tutti den immer stärker werdenden Arbeitsgang unterstreicht.

Da wir im Singspiel oder der Spiel- und komischen Oper sind, wird der musikalische Fluß immer wieder durch Prosastellen abgelöst, die nicht nur die Aufgabe der Auflockerung besitzen. Geschickte Autoren wissen in diese gesprochenen Dialoge den größten Teil der Handlung zu verpacken, der auf diese Art viel deutlicher verständlich wird als gegebenermaßen im Gesang. Es ist die Aufgabe, die in der italienischen Oper (vor allem der Buffo-Oper) vom Rezitativ übernommen

Wenn sich alle Kräfte einigen, ihn zu vollbringen.
Seht dann euer stolzes Werk die Meere durchjagen,
Durch des Nordens Eis und Südens Glut keck sich wagen.
Wackrer Zimmermann, hast ja Freude dran –
Hallo!
Ha! Wie Donnersturm den ries'gen Bau wild umkracht, ihn zu zersplittern,
Doch er trotzet kühn der Flut Geheul und dem Strahl in Gewittern.

Chor, Iwanow und Zar:
Zimmermann zu sein, ist eine Lust,
Darum rufet laut aus voller Brust:
Stattlich Werkzeug und des Liebchens Kuß,
Freunde, das ist Hochgenuß!

Zar: Euren Wunsch hab ich gewährt,
Eilet nun zur Arbeit wieder
Und bedenket, daß alsbald
Ein frohes Jubellied erschallt,
Das zum Feste euch begehrt.

Chor, Iwanow und Zar:
Greifet an und rührt die Hände,
Baut des Schiffes stolze Wände!
Greifet an!
Rastet nicht in der Pflicht!
Tag für Tag, Schlag für Schlag!
Handwerksmann hat seine Plagen,
Lust zur Arbeit hilft sie tragen.

(Nach beendigtem Chor geht alles wieder zur Arbeit, die Zimmerleute verlieren sich nach und nach.)

Iwanow: Das muß wahr sein: Du bist ein ganzer Kerl; ein Zimmermann, wie ihn Gott verlangt, und dabei ein Liedersänger, der seinesgleichen sucht.

Zar (lächelnd): O ich besitze noch eine Eigenschaft, die in deinen Augen mehr ist als alle die übrigen.

Iwanow: Die ist?

Zar: Geduld.

Iwanow: Na, da sei stille – was die betrifft –

wird. Auch Witze und textliche Pointen kommen in der Prosa stärker zur Wirkung als im gesungenen Teil, dem dafür künstlerisch andere Aufgaben zugedacht sind.

(gesprochener Text)

Zar: Wie? Höre ich nicht mit wahrer Engelsgeduld die
Schilderungen deiner Zärtlichkeit für die reizende
Marie an, die ebenso liebenswürdig wie ihr Oheim
dumm und lächerlich ist?

Iwanow: Das ist wahr; aber da wir gerade davon reden,
weißt du wohl, daß mir ganz übel zumute ist?

Zar: Argwöhnt der gestrenge Bürgermeister etwas?

Iwanow: Es scheint so, denn er hat sich bei der Meisterin
genau nach mir erkundigt.

Zar: Du hast doch keine Ehrensache?

Iwanow: Je[1]) nun – vor dir habe ich kein Geheimnis, drum
höre. Du weißt, daß ich ein Russe bin. Als ich achtzehn Jahre alt war, machte man mir weis, ich müßte
Vaterlandsverteidiger werden. Ich dachte: Je nun,
kannst's ja probieren, und ließ mir den Soldatenrock
anziehen. Der Rock war ganz hübsch, aber alles,
was ich in dem Rock tun mußte, war gar nicht hübsch;
zudem war ich von jeher ein Feind jeden Zwanges.
Was tat ich also? An einem schönen Morgen stellte
ich mein Gewehr ins Schilderhaus, hing den Rock
an den Nagel und vertauschte beides hier in Saardam
mit Zimmeraxt und Winkelmaß.

Zar: Jetzt versteh ich dich.

Iwanow: Mein ehemaliger Oberst kann sich am Ende
erinnern, daß ich damals beim Verlesen gefehlt habe
– in Saardam sind jetzt viele russische Offiziere.

Zar: Sehr richtig – also müssen wir auf unsrer Hut sein.

Iwanow: Freilich. Übrigens kommt es mir vor, als ob du
dich in einer ähnlichen Lage befändest.

Zar: Ich?

Iwanow: Ja, ja. Du verbirgst dich so sorgfältig, vermeidest,
von deiner Familie zu reden und was dich nach Saardam geführt.

Zar: Du glaubst doch nicht –

Iwanow (droht ihm): Alter Junge, gesteh's nur, du hast
auch Suiten gemacht! Doch was geht es mich an,

---

[1]) Textvariante (TV): Anstelle von »Je« steht »I«.

(gesprochener Text)

ich will mich nicht in dein Geheimnis drängen. *(Er sieht nach hinten.)* Da kommt Marie. Ist es nicht schrecklich, daß sie mit ihrem niedlichen Gesichtchen die Nichte eines Bürgermeisters ist?

ZWEITER AUFTRITT
Die Vorigen. Marie.

Marie (im Auftreten): Nein, es ist, weiß Gott, zu arg – auf Schritt und Tritt geht einem der Mensch nach.

Iwanow: Mensch? Welcher Mensch?

Marie: Ach, ein junger Franzose, der seit gestern hier herumschleicht.

Zar: Ein Franzose?

Iwanow: Ein junger? Warum schleicht er herum? Warum?

Marie: Was weiß ich? Er hielt mich an und fragte mich nach allerlei.

Iwanow: Das fehlte noch! Erst schleicht er herum, dann fragt er noch[1]) allerlei.

Zar: Still doch! *(Zu Marie.)* Nun, mein Kind, wonach erkundigte er sich?

Marie (verschämt): Je nun –

Iwanow: Heraus mit dem Allerlei.

Marie: Er meinte, ich wäre recht hübsch – und kurz und gut, ich wäre recht hübsch.

Iwanow: So? Das ist recht hübsch. Um das zu erfahren, brauchen wir keinen[2]) Franzosen, das können wir auf deutsch auch sehen.

Marie: Endlich wollte er mich küssen.

Iwanow: Hab ich's nicht gedacht, das ist gewöhnlich das Ende. Soll man da nicht rasend werden?!

Marie (ihn besänftigend): Aber Peter –

Iwanow: Nichts Peter! – Ich wollte, den französischen Gesandten, der da drüben in Rijswijk den Frieden kongressiert, holte der Kuckuck! Alle Augenblicke

---

[1]) TV: Anstelle von »noch« steht »nach«.
[2]) TV: Hier auch »keine Franzosen«.

(gesprochener Text)

fährt hier so ein Windbeutel herum. Träfe ich nur
einmal einen, ich wollte ihn gleich –

Marie: Was gleich?

Iwanow: Das werd ich jetzt nicht sagen.

Marie: Mein lieber Peter Iwanow, Sie sind ein kleines
Großmäulchen.

Iwanow: Ich wäre –

Marie: Stille! – Sie sind ein kleines Großmäulchen.

Iwanow: Aber Mamsell Marie –

Marie (ernst): Herr Peter Iwanow!

Iwanow (nach einer Pause ruhig): Ich bin ein kleines
Großmäulchen.

Marie: So recht, lieber Peter, nun bist du wieder artig.
Warum ich eigentlich komme –

Iwanow (hastig): Ja warum? Das möcht ich eben wissen.

Marie (ihm gelassen die Backen klopfend): Nur immer
Gemütsruhe.

Iwanow: Ja doch, ich bin ruhig, mein Gemüt auch.

Marie: Mein Oheim hat unser Verständnis ausgewittert
– glaube ich wenigstens –, er will heute auf den Werften selbst nachsehen, das ist ihm in drei Jahren nicht
eingefallen; er hat Briefe, Befehle erhalten, und alles
überzeugt mich, daß ein Anschlag gegen uns im
Werk[1]) ist.

*Zar (der sich zurückgezogen, hat sich bei Mariens Erzählung
aufmerksam genähert; für sich):* Sollte ich entdeckt
sein?

Iwanow (für sich): Gewiß von meinem Oberst!

Marie: Nun, meine Herren, ihr seid ja beide ganz verdutzt?
Und Sie, mein Vielgetreuer, Sie kommen mir ganz
kurios vor. Vorhin, da ein galanter junger Mann sich
nach meinen kleinen häuslichen Angelegenheiten
erkundigte, wird er bei der bloßen Erzählung Feuer
und Flamme, und nun, da unsrer Liebe Gefahr droht,
steht er da, als könnte er nicht bis[2]) drei zählen.

---

[1]) TV: Für »Werk« auch »Werke«.
[2]) TV: Ohne »bis«.

(gesprochener Text)

Nach dieser langen Textstelle (in der sehr geschickt eine Reihe von Erklärungen zu Charakter der Personen und Gang der Handlung gegeben wurde) beginnt Marie eine »Ariette«, die ganz im Singspielton gehalten ist. Sie erweitert sich dadurch, daß Iwanow des öfteren in Prosa unterbricht, zur launigen Szene. Maries Schalkhaftigkeit, ihr Charme kommen ebenso gut zum Ausdruck wie Iwanows leidenschaftliche, aber auch blind eifersüchtige Liebe. Die Hauptmelodie trägt Volkslied-charakter:

Iwanow: Marie, du hast es heute wieder darauf abgesehen,
   mich zu quälen. Ich liebe dich so herzlich, aber eben-
   deswegen kann es mir doch nicht angenehm sein,
   wenn dich die ganze Welt küssen will.
Marie: Die ganze Welt? Nein, lieber Peter, das würde
   ein zu großes Gedränge werden; ich will mich darum
   lieber mit einem begnügen. *(Sie reicht ihm die Hand.)*
Iwanow (küßt sie): Du bist doch ein Engel!
Marie: Jetzt höre. Was mein Oheim im Schilde führt –
   ich weiß es nicht, und wir müssen es in Geduld erwarten. Sei darum guten Muts; ich bin und bleibe dir
   treu, und sollte es meinem teuren Oheim einfallen,
   mich zu einem andern Ehebündnis zwingen zu wollen
   – ich ahne so etwas –, so springe ich lieber in den
   Kanal.
Iwanow: Ich springe mit.
Marie: Abgemacht, wir springen im Duett. Vorher aber
   gehen wir zum Feste. Du weißt doch, daß ich Braut-
   jungfer bei Charlottes Hochzeit bin. Ich eile, mich
   in den[1]) Staat zu werfen.
Iwanow: Ach Gott, da wirst du wieder alles bezaubern.
Marie: Je nun, ich werde mein möglichstes tun. *(Zum
   Zaren.)* Sehn[2]) Sie wieder den Eifersüchtigen? *(Zu
   Iwanow.)* Ach, lieber, lieber Peter, du mußt noch
   gewaltig gezogen werden.

[1]) TV: »Den« fehlt.
[2]) TV: Hier auch »Sehen Sie«.

(7)

Sie steigert sich durch ein immer intensiveres Parlando, bei dem das Orchester eifrig mitplappert; und gelangt schließlich zum populär gewordenen Refrain, der den Volkston glücklich wiederaufzunehmen weiß:

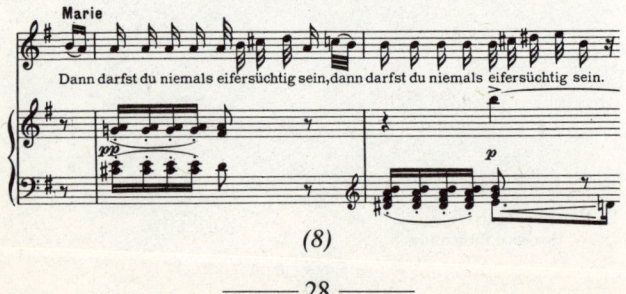

(8)

Nr. 2 Ariette

Die Eifersucht ist eine Plage,
Weh dem, der ihr zum Opfer fällt.
Sie schaffet viele trübe Tage,
Warum ist sie wohl[1]) auf der Welt?
Warum? Warum?

Iwanow (spricht): Ei, das möcht ich auch wissen.

Marie: Zwar kenn ich dieses garst'ge Fieber
Nur eigentlich vom Namen her;
Bemerkt' ich's nicht bei dir, mein Lieber,
So wüßt' ich nicht, daß es vorhanden wär'.

Iwanow (spricht): Es ist aber einmal da, und ich habe alle
Ursache dazu.

Marie (spricht): O ja!
Wenn bei unsern Festen
Alles sich im Tanze dreht
Und wenn einer von den Gästen
Zeigt, daß er mich nicht verschmäht;
Wenn er, während wir pausieren,
Mich recht viel und freundlich fragt
Und mit artigen Manieren
Ein'ge Schmeicheleien sagt,
Zum Exempel: Diese Wangen,
Dieser Lippen Purpurrot
Wecken glühendes Verlangen,
Sie bezaubern mich, bei Gott!
Wär' es mir erlaubt zu fragen,
Ob Ihr Herz noch frei sich fühlt?
Wenn, mit einem Wort zu sagen,
Er, so was man nennt, den Angenehmen spielt –

Iwanow (spricht): Dann darf ich doch –

Marie: Dann darfst du niemals eifersüchtig sein.
Mein Herz gehört nur dir allein;
Du weißt es ja, mein Herz gehört nur dir allein.
Ach, das solltest du erst fühlen,

---

[1]) TV: Anstelle von »wohl« auch »nur«.

Wie so schön die Zeit verrinnt,
Wenn bei unsern heitern Spielen
Pfänder einzulösen sind.
Wenn mit harrenden Gebärden
Jeder seinen Lohn begehrt,
Und es heißt: Was soll dem werden,
Welchem dieses Pfand gehört?
»Diesem gibst du sieben Küsse,
Jenem achte, diesem neun,
Zehne reichst du jenem her!«
Lieber Freund, das sind Genüsse,
So was existiert nicht mehr.
Wenn dann mit verschämten Wangen
Schüchtern der Erwählte naht,
Wenn mit glühendem Verlangen
Er den Lohn empfangen hat –
Iwanow (spricht): Dann darf ich doch –
Marie: Dann darfst du doch nicht eifersüchtig sein.
Mein Herz gehört nur dir allein;
Du weißt es ja, mein Herz gehört nur dir allein!
Iwanow (spricht): Nun, das nehme mir kein Mensch übel.
Marie: Sieh, das sind nur alles Spiele
Unbefangner Jugendlust;
Fern von liebendem Gefühle
Schlägt das Herz in unsrer Brust.
Was geschieht vor allen Leuten,
Kann ja Böses nicht bedeuten.
Drum darfst du niemals eifersüchtig sein,
Mein Herz, du weißt es ja, bleibt ewig dein. –
Hast du mich auch wohl verstanden?
Ist kein Fieber mehr vorhanden?
Her mit dem Puls, wir werden nun gleich sehn,
Ob du kuriert, als Arzt muß ich's verstehn.
(Sie ergreift seine Hand und fühlt den Puls.)
Gut, sehr gut, in solchem Tempo muß er gehn.
Bedanke dich!
Sie hält ihm die andere Hand hin, die Iwanow küßt.)

Ein kurzer Dialog bringt den völligen Stimmungsumschwung. Des Zaren Freund und Berater, General Lefort, erstattet seinem Herrn Bericht über gefährliche Aufruhrbewegungen im fernen Heimatland.

Wie nun das Blut so ruhig fließt,
Wie lieb du mir nun wieder bist.
*(Sie hält dem Zaren die Hand zum Kusse hin, während
die andere noch immer Iwanow den Puls fühlt; zum
Zaren.)*
Doch auch Ihr seid mir lieb und wert.
Herrgott! Was tobt dein Blut schon wieder fürchterlich,
Mein lieber Freund, du bist noch nicht kuriert!
Leb wohl und beßre dich! *(Sie läuft ab.)*
Iwanow *(folgt ihr).*

DRITTER AUFTRITT
Zar. Lefort.
Lefort: Guten Morgen, Peter Michaelow! Ihr seid allein?
Zar: Wie du siehst. Hast du Nachrichten von Moskau?
Lefort (nachdem er sich umgesehen): Ja, Sire, und ernstli-
   che Besorgnisse.
Zar: Nun?
Lefort: Sire, ich habe meine Bewunderung dem edelmüti-
   gen Entschlusse nicht versagen können, der Sie be-
   stimmte, Ihre Staaten zu verlassen und bei den Völ-
   kern Europas Kenntnisse zu erwerben, die einst das
   Glück Ihres Volkes sichern sollen; allein, es ist Zeit,
   unseren Reisen ein Ziel zu setzen. Seit einem Jahre
   arbeiten Sie als Peter Michaelow auf den Werften
   von Saardam; seitdem hat sich vieles geändert. Ihre
   Untertanen fangen an, über Ihre Abwesenheit zu
   murren.
Zar: Immerhin! Sie ahnen nicht, daß ich unter diesem
   groben Kittel mehr für sie getan, als der Zar in zehn
   Jahren hätte tun können. Doch zur Sache! Woher
   diese[1]) Besorgnisse?
Lefort: Ihre Feinde in Moskau sind tätiger denn je; der
   kühne Geist Ihrer Schwester Sophie reizt[2]) die Bojaren und Strelitzen zum Aufruhr.

---

[1]) TV: Anstelle von »diese« auch »deine«.
[2]) TV: Ebenfalls »reizte«.

Und so kann der Zar, nun allein geblieben, in höchster Erregung losbrechen:

(9)

Zar (wütend): Ha! Glaubt die[1]) zügellose Schar, die Zeiten
    Fedors und Iwans seien noch nicht verstrichen? Die
    Verräter sollen büßen! Ein Blick von mir entscheidet
    ihr Schicksal. Laß alles zu meiner Abreise bereiten!
    Fort!

Lefort geht ab.

VIERTER AUFTRITT
Zar allein.

Nr. 3 Rezitativ und Arie
Zar: Verraten! Von euch verraten,
    Denen ich Vertraun und Liebe geweiht.
    Höllischer Undank! Verrat! Des Lasters Krone!
    Nur eurem Glück war mein Leben,
    Nur eurer Größe geweiht,
    Und ihr verratet mich!

[1]) TV: Auch »diese zügellose Schar«.

*Doch bald weicht der im Rezitativ zu ausdrucksvoller Orche-
sterbegleitung vorgetragene Wutausbruch einer stilleren Be-
trachtung. Er mündet in eine große As-Dur-Melodie, in der
Zar Peter über die Schwere des Herrscheramtes sinniert:*

(10)

*Hier ist eine große mehrteilige Arie entstanden, die dadurch,
daß sie die obere Grenze der Singspielmöglichkeiten erreicht
oder gar überschreitet, in die »große« Oper weist. Hier wird
von Stimme und Persönlichkeit der Zaren-Interpreten viel
Können und Ausdrucksstärke verlangt, glanzvolle Spitzen-
töne und koloraturhafte Beweglichkeit, Dramatik, fast Dä-*

Die Macht des Zepters, den Glanz der Krone,
Beneidenswert wähnt mancher sie,
Doch bittrer Undank, Haß zum Lohne
Ist oft die Frucht für Herrschers Müh'.
Und nur ein Trost lindert die Schmerzen,
Ein Blick nach oben stärket die Brust:
Was auch die Mitwelt nicht erkannte,
Von[1]) Nebelschleier noch umhüllt,
Wir sehen dann aus jenem Lande
Das Volk der Nachwelt dankerfüllt.
Drum sehnt sich mein Geist nach Licht und Wahrheit.
Wie schütze ich das Werk, das ich durch deinen Bei-
stand schaffte?
Kann der Verräter Blut dir wohlgefällig sein,
Der du der Milde und der Güte Urquell bist?
Treu hing stets mein Herz an meinem ganzen Volke,
Seinem Glück allein war stets mein Leben nur geweiht.
Warum, o Gott, erhabne Vorsicht,
Wird Völkerglück durch Strenge nur erreicht?
Warum durch Liebe, Huld und Milde,
Das Herz des Volkes nicht erweicht?
Treu hing stets mein Herz an meinem ganzen Volke,
Seinem Glück allein war mein Leben nur geweiht.
So sei es denn entschieden, dem Tode weih ich sie;
Man bessert ja hienieden durch Wohltun Sünder nie!
Verräterblut soll färben das blanke Henkerbeil,
Damit sie sühnend sterben, dem Vaterland zum Heil!

---

[1]) TV: Für »von« auch »vom«.

monie. (Manche Textstelle von der kommenden Hinrichtung der »Staatsfeinde«, des »Verräterbluts«, paßt in die Zeit Peters und das damalige Rußland, aber vielleicht für unser Gefühl nicht ganz in ein – im ganzen doch frohes, ja lustiges – Singspiel . . .)

Eine erneute Prosastelle leitet zur nun voll ausbrechenden Komik über: Mit einer teils pathetischen, teils überaus geschäftig sich gebärdenden Einleitung tritt Bürgermeister van Bett auf. Beides trifft seinen Charakter aufs beste. Seine große Arie – welcher Kontrast zur vorangegangenen des Zaren – ist voll (von ihm unbeabsichtigten) Humors, voll feiner Beobachtungsgabe des Autors, voll grotesker Wirkung:

FÜNFTER AUFTRITT
Zar. Iwanow. Später Meisterin Browes Stimme.

Iwanow (sieht den Zaren eine Weile an): Du scheinst mir
auch übel gelaunt.

Zar: Wie das so manchmal kommt – es geht vorüber.

Iwanow: Freilich wohl, aber es sollte lieber gar nicht kommen, es nützt ja zu nichts.

Zar: Wo fehlt dir's denn schon wieder?

Iwanow: Marie macht mir den Kopf warm, und zum Über-
maß des Unglücks ist der Herr Bürgermeister soeben
auf der Werft angekommen. *(Leise.)* Du begreifst
wohl, weswegen.

Zar: Ei, es soll mich freuen, seine Bekanntschaft zu machen
– jetzt habe ich zu tun – auf Wiedersehn beim Feste.
(Er will gehen.)

Iwanow (hält ihn): Höre, Freund, das ist nicht schön von
dir.

Zar: Was?

Iwanow: Daß du so hinterm Berg hältst. Ich habe dir alles
vertraut, was ich auf dem Herzen hatte, aber du spielst
stets den Geheimnisvollen gegen mich.

Zar: Sei ruhig, ehe ich abreise, erfährst du mein Geheimnis.

Iwanow: Was? Du willst uns verlassen? Wieder was Neues!

Zar: Meine Familie verlangt nach mir.

Iwanow: So, deine Familie? Ist sie groß?

Zar: Ziemlich.

Iwanow: Und da sehnt sie sich wohl sehr nach dir?

Zar: Mehr oder weniger.

Iwanow: Du lebst doch nicht mit ihr in Uneinigkeit?

Zar (kräftig): Ich stifte Frieden, darauf verlaß dich!

Meisterin Browe (hinter der Szene): Hierher, Herr Bürgermeister.

Iwanow: Da ist er!

(11)

Diese Phrase ist, wie manches andere, nahezu sprichwörtlich geworden:

(Fortsetzung des Notenbeispiels S. 42)

SECHSTER AUFTRITT
Die Vorigen. van Bett. Meisterin Browe.

Nr. 4 Arie

van Bett: O sancta justitia! Ich möchte rasen,
   Von früh bis spät lauf ich herum;
   Ich bin von Amtspflicht ganz aufgeblasen,
   Das Wohl der Stadt bringt mich noch um.
   Plerique hominum auf dieser Erde,
   Sie ruhn doch mal von Qual und Beschwerde;
   Doch kaum schaut der Morgen in meine Kammer,
   So rufen die Akten mein Genie,
   Und bis zur Nacht bin ich, o Jammer,
   Re vera übler noch dran als ein Vieh!
   Kein Zugpferd in der Tat hat's so schlimm,
   Als ein Vorstand und Rat.
   Ein Glück, daß ich mein Amt verstehe,
   Und sapientissime alles wend und drehe,
   Daß mein Ingenium Akten weiß zu schmieren
   Und das Consilium am Gängelband zu führen.
   Denn ich weiß zu bombardieren,
   Zu rationieren und zu expektorieren,
   Zu inspizieren, zu räsonieren,
   Zu echauffieren und zu malträtieren.
   Rem publicam hab ich stets im Sinn.
   Man weiß es ja, daß ich ein Codex bin.
   Alt und jung ruft mir zum Preise,
   Ich bin Saardams größtes Licht.
   O ich bin klug und weise,
   Und mich betrügt man nicht.
   Diese ausdrucksvollen Züge,
   Dieses Aug', wie ein Flambeau,
   Künden meines Geistes Siege,
   Ich bin ein zweiter Salomo.
   Dazu der Corpus noch in petto,
   Mit einem Wort, ich bin ganz netto.
   *(Er sperrt den Mund auf, als sänge er das im Orchester
   erklingende tiefe F.)*

ich bin klug und wei - se, und mich be-trügt man nicht,

(12)

Hier geht die Arie in einen zweiten Teil über, mit dem die Selbst-
bespiegelung van Betts ihren lächerlichen Höhepunkt erreicht:
seine »Geistessiege«, seine Ähnlichkeit mit Salomo . . .

van Bett

Cantabile

Die - se aus - drucksvollen Zü - ge, die - ses

Aug, — wie ein Flam-beau, künden mei - nes Geistes

cresc.

Sie - ge, ich bin ein zweiter Sa - - lo-mo,

(13)

Man glaub' mir's, daß ich nie mich trüge
Et eo ipso momento
Gleich über jedes Crimen siege.
Ich wühl mich in Prozesse ein
Und schlichte sie sehr schlau und fein.
O ich bin klug und weise,
Und mich betrügt man nicht.

Diese ausdrucksvollen Züge,
Dieses Aug', wie ein Flambeau,
Verkünden meines Geistes Siege,
Ich bin ein zweiter Salomo.
Denn ich weiß zu bombardieren,
Zu rationieren, zu expektorieren,
Zu blamieren, inspizieren,
Echauffieren, räsonieren, malträtieren,
Und zu ieren, zieren, rühren,
Führen, schmieren, ratifizieren.
Mit einem Wort, man sieht mir's an,
Ich bin ad speciem ein ganzer Mann!

Lortzing sprudelt von amüsanten Einfällen in Text und Musik nur so über. So etwa, wenn dem aufgeblasenen Bürgermeister eine großspurige Gesangs-Kadenz gegeben wird, die in immer tiefere Lagen absteigt und bei der zuletzt, beim tiefen F, er den Mund nur noch aufzureißen hat, ohne einen Ton von sich zu geben.

Wiederum eine kurze Prosaszene, die zum Vorantreiben der Handlung dient.

(Spricht zu Witwe Browe.)
Ihr könnt es nicht glauben, was mir alles auf dem Halse liegt und noch vielleicht darauf liegen wird. Da lest einmal. *(Er zeigt ihr einen Brief.)* Ihr werdet Euer blaues Wunder hören.

Meisterin Browe: Das Lesen ist von jeher meine schwache Seite gewesen, das tat mein seliger Alter für mich. Wenden Sie sich hier an meinen Gesellen, den Peter Michaelow, der ist der Gelehrteste auf der Werft[1]).

van Bett: Da, mein Freund! *(Zur Meisterin Browe.)* Nun paßt einmal auf. *(Zum Zaren.)* Lies laut, mein Sohn!

Zar (liest): »Mein Herr« –

van Bett: Schön, ich sehe, du kannst lesen, lies laut. Ich verlange ja nicht, daß du so schön lesen sollst wie ich; bewahre, das würde sich auch für dich gar nicht schicken.

Zar (liest): »Herr Bürgermeister! Es liegt den Generalstaaten sehr viel daran, von dem Tun und Lassen eines Fremden, namens Peter, der gegenwärtig auf den Werften zu Saardam arbeitet, unterrichtet zu sein.«

Iwanow (für sich): Ich bin entdeckt.

Zar (für sich): Das bin ich.

van Bett: Schön, mir liegt auch viel daran. – Sequens, mein Sohn, das heißt, lies weiter!

Zar (liest): »Nehmen Sie die allernötigsten Maßregeln, damit dieser Fremde sich nicht von Saardam entfernt, und berichten Sie mir ungesäumt alles, was Sie in Erfahrung bringen können. Ich habe die Ehre zu sein –«

van Bett: Gehorsamer Diener. Ist das alles?

---

[1]) TV: Hier ebenfalls »Werfte«.

(gesprochener Text)

Die Zimmerleute strömen, als die Glocke ertönt, zusammen, die folgende Musiknummer (Nr. 5) ist wieder weitgehend auf dem Chor aufgebaut, dessen gesunder Menschenverstand witzig mit den unsinnigen Reden van Betts kontrastiert wird. Musikalisch ist alles in ununterbrochener Bewegung, van Bett zitiert sein »O, ich bin klug und weise« gerade dann, wenn zur Selbstzufriedenheit wahrlich kein Grund vorliegt. Struktur und Instrumentation sind so geschickt angelegt, daß wichtige Textpointen stets deutlich verständlich werden können. Mit Ensemblesätzen aller Solisten und des Chores schließt die Nummer.

Zar: Ja, Herr Bürgermeister.

van Bett (nimmt den Brief): Das ist eine äußerst verwickelte
Sache, wie[1]) man sagt, ein casus confusus.

Zar: Haben denn der Herr Bürgermeister keine Vermutungen, wer es ungefähr —

van Bett: Schöne Frage! Ich vermute immer, eine gute
Obrigkeit vermutet immer, und ich wette, in diese
Sache ist eine wichtige Person verwickelt, die man
festsetzen soll, id est ad carcerem. Ein Ausreißer
vielleicht.

Iwanow (bestürzt für sich): Da haben wir's.

van Bett: Frau Meisterin, laßt sämtliche Arbeiter sich hier
versammeln.

Meisterin Browe: Ei, du Gerechter, Ihr werdet doch unter
meinen Leuten keine Verbrecher suchen! Ich bin
eine rechtschaffene Niederländerin, und mein Mann
ist tot.

van Bett: Eben deshalb schafft mir die Leute her! Tutti.

*Meisterin Browe (gibt Iwanow ein Zeichen, dieser zieht
eine Glocke):* Bloß um Euch den Willen zu tun.

SIEBENTER AUFTRITT

*Die Vorigen. Zimmerleute kommen hastig von allen Seiten
mit ihren Schurzfellen, Arbeitsgerät in Händen.*

Nr. 5 Chor und Ensemble

Chor: Laßt ruhen die Arbeit, das Zeichen ertönet,
Wir eilen zum Schmause;
Es rufet die Stunde, so lange ersehnet,
Zum gastlichen Hause.
Ein heiterer, fröhlicher Festtag ist heut,
Bei Tanz und Gesängen entschwinde die Zeit.
Laßt heute des Daseins uns erfreuen!

van Bett: Was Tanz und Schmaus, es handelt sich hier
Um Staatsgeschäfte!

---

[1]) TV: Anstelle von »wie« auch »was«.

(Unruhe im Chor.)

Ruhe! Und dann
Stellt euch in Reih und Glied,
Daß die Physiognomien ich mir betrachten kann.

Chor (unter sich): Was will er betrachten?
Was schwatzt er für Zeug?

van Bett (für sich): Meinen Mann werd ich finden,
Das merk ich gleich. *(Laut.)*
Antwortet laut und mit Verstand:
Wer von euch allen wird Peter genannt?

Zar: Ich heiße Peter.

Iwanow und mehrere Zimmerleute:
Auch ich, auch ich!

van Bett: Schreit doch nicht so fürchterlich!
Ihr heißt alle Peter? Der Fall ist selten.
Ihr könnt alle doch wohl nicht für Peter gelten?

Die Peter:
Ihr fragt nach dem Namen, wer wird ihn verneinen,
Wir sind viele Peter, was wundert ihr Euch?

van Bett: Ei, hol euch der Teufel, ich suche nur einen
Und finde ein ganzes Dutzend gleich.

Chor: Wir sind ihm zu viele, das ist doch zum Lachen,
Doch was hat er vor? Wo will er hinaus?

van Bett (für sich): Ich muß die Sache pfiffiger machen,
So bring ich es niemals heraus.
(Zum Chor.) Woher seid ihr?

Chor: Von Saardam.

van Bett: Ist das auch wahr?

Chor: Ja, ja! Alle von Saardam.

van Bett: Das ist mir nun schon ganz klar.
Und welcher ist ein Fremder von euch?

Zar und Iwanow: Wir beide sind fremd.

van Bett: Aha! Das dacht' ich mir gleich.
(Für sich.) Nur pfiffig sondieren und immer leise,
Denn so nur erhält man das wahre Licht.
O ich bin klug und weise,
Und mich betrügt man nicht.

Chor: Die Sache wird lustig.

Iwanow (für sich): Ich bin verloren.

Chor: Jetzt packt er die beiden. *(Sie lachen.)*

van Bett: Still, nicht gelacht!
   (Zum Zaren.) Antworte, wo bist du geboren?

Zar: In Smolensk.

van Bett: Das hab ich mir doch gleich gedacht.

Chor (lachend): Haha, das hat er schlau gemacht.

van Bett: Still, kein Wort kann man verstehn.
   (Zu Iwanow.) Wo bist du geboren?

Iwanow: In Moskau.

van Bett: Schön, dein Name?

Iwanow (spricht): Peter Iwanow.

van Bett (spricht zum Zaren): Und du heißt?

Zar (spricht): Peter Michaelow.

van Bett (kopfschüttelnd):
   Hm, hm! Der Fall wird kitzlig[1]), so will mir's scheinen,
   Da hab ich wieder zwei für einen.
   Doch täuschet meine Weltkenntnis mich nicht,
   So hat *(auf Iwanow deutend)*
   der das echte Spitzbubengesicht.

Zar, Iwanow und Chor:
   Ist wohl die Frage uns erlaubt,
   Warum der Zeit man uns beraubt?

van Bett: Ein hochgelahrtes Stadtgericht
   Schert sich um Zeit und Stunde nicht.
   Geht wieder zur Arbeit, ihr lieben Leute,
   Ich weiß genug für heute.
   (Zu Meisterin Browe, auf Iwanow deutend.)
   Auf diesen einen gebt wohl acht!
   (Zum Chor.) Ihr habt eure Sache[2]) gut gemacht.

Chor: Wenn dann nach der Arbeit das Zeichen ertönet,
   Wir eilen zum Schmause;
   Es rufet die Stunde, so lange ersehnt,
   Zum gastlichen Hause.
   Ein heiterer, fröhlicher Festtag ist heut,
   Bei Tanz und Gesängen entschwinde die Zeit.

---

[1] TV: »Kitzlich« statt »kitzlig«.
[2] TV: Auch »Sachen«.

Nun folgen längere Prosa-Szenen. Zuletzt verbleiben Peter Iwanow und van Bett allein auf der Bühne, woraus sich ein äußerst komisches Duett (Nr. 6) entwickeln wird.

Laßt heute des Daseins uns erfreuen!
Seine Art und seine Weise
Ist die rechte wahrlich nicht,
Drum sich jeder glücklich preise,
Den verschonet sein Gericht.
van Bett: O ich bin klug und weise,
Und mich betrügt man nicht.
Iwanow und Zar: Auf so abgeschmackte Weise
Wird ihm nicht das kleinste Licht;
Er dünkt sich sehr klug und weise,
Doch, gottlob, er ist es nicht.
Alle Zimmerleute gehen ab.

ACHTER AUFTRITT
van Bett. Meisterin Browe.

van Bett: Verlaßt Euch auf mich, Frau Browe, ich habe
ihn; dieser Iwanow will mir nicht aus dem Kopf[1])
– er ist mir schon von einigen als ein homo suspectus
bezeichnet worden.

Meisterin Browe: Ein pectus? Um Verzeihung, Herr Bürgermeister –

van Bett: Das will sagen, ein Taugenichts, der sich's einfallen läßt, meine Nichte zu beliebäugeln.[2])

Meisterin Browe: Davon weiß ich nichts, und es geht mich
auch nichts an.

van Bett: Aber mich geht's an, den Bürgermeister! Ich
soll einen verdächtigen Menschen aufsuchen, und
das kann kein anderer sein, als einer, der mit meiner
Nichte liebäugelt.

Meisterin Browe: Kurz, ich halte den Peter Iwanow für
einen rechtlichen Burschen. Jetzt muß ich an meine
Geschäfte, also, Gott zum Gruß, Herr Bürgermeister.

van Bett: Noch ein Wort, Frau Browe. Ihr gebt heute ein
Gastmahl, ein Fest –

[1]) TV: Ebenfalls »Kopfe«.
[2]) TV: Auch: »mit meiner Nichte zu liebäugeln«.

––––– 53 –––––

(gesprochener Text)

Meisterin Browe: Mein ältester Sohn macht Hochzeit,
   und da wissen Sie wohl –
van Bett: Gut, habe gar nichts dagegen. Ich wollte Euch
   nur darauf aufmerksam machen, daß bei solchen
   Lustbarkeiten häufig Händel vorfallen.
Meisterin Browe: Das wollen wir nicht hoffen.
van Bett: Bei Gott ist kein Ding unmöglich und[1]) bei besof-
   fenen Zimmergesellen noch viel weniger – ich halte
   es daher für meine Pflicht, alles in Person zu beauf-
   sichtigen.
Meisterin Browe (für sich): Auf den haben wir gewartet.
   (Laut.) Wenn es Ihnen Spaß macht –
van Bett: Keineswegs; bloß ein Opfer, welches ich der
   öffentlichen Sicherheit bringe. Wann wird gespeist?
Meisterin Browe: Um zwölf Uhr, Herr Bürgermeister.
van Bett: Da finde ich mich ein, denn convivia habent
   multa scandalia.

NEUNTER AUFTRITT
Die Vorigen. Lord Syndham.
Lord: Finde ich hier vielleicht den Herrn Bürgermeister?
Meisterin Browe: Hier, dieser Herr. *(Für sich.)* Gott sei
   Dank, da werde ich den Gierschlund mit guter Manier
   los. *(Sie geht.)*
van Bett (ihr nachrufend): Ich lasse nicht warten, verlaßt
   Euch darauf.
Meisterin Browe: Ich bin auch gar nicht bange. *(Sie geht
   ab.)*

ZEHNTER AUFTRITT
van Bett. Lord Syndham.
Lord: Ich habe Sie um eine Gefälligkeit zu bitten, mein
   Herr.
van Bett (für sich): Das ist der Engländer, der sich seit
   einigen Tagen sehen läßt. *(Laut.)* Darf ich um Dero
   Firma, will sagen, Dero Namen bitten?

[1]) TV: »und« fehlt.

(gesprochener Text)

Lord: Später sollen Sie erfahren, wer ich bin. Erst bedarf
ich Ihres Beistandes bei einer Nachforschung von
höchster Wichtigkeit.

van Bett: Reden Sie! Nachforschungen – darin bin ich
stark! Forte!

Lord: So hören Sie; Sie müssen mir einen jungen Mann
entdecken helfen, der sich als Zimmergeselle hier
aufhält.

van Bett (für sich): Schon wieder. *(Laut)* Warten Sie mal,
was für ein Landsmann?

Lord: Einen Russen.

van Bett: Der Peter heißt?

Lord: Sie wissen also?

van Bett: Ob! Dem laure ich schon lange auf, ich habe
sogar vor wenigen Minuten noch Verhaltungsbefehle
seinetwegen bekommen. Ich fixierte ihn – zwei Minuten – heraus war's.

Lord (vergnügt): Herr Bürgermeister, Ihr Glück ist in
Ihren Händen.

van Bett: In meinen Händen? Ei, wieso?

Lord (geheimnisvoll): Suchen Sie auf eine geschickte Weise
von diesem Peter herauszubringen, welches seine
Pläne in bezug auf England sind.

van Bett: Auf England? Aha!

Lord: Doch ohne ihn merken zu lassen, daß er entdeckt
ist; vor allem müssen Sie verhüten, daß der französische Gesandte uns zuvorkomme.

van Bett: [1])Der französische Gesandte, mischt sich der
auch hinein? Das Volk muß seine Nase doch in alles
stecken.

Lord: Darum vorsichtig, denn auch er sucht unsern Peter
und möchte gern – ebenso wie ich –

van Bett: Aha! Intelligo. Verlassen Sie sich auf mich, ich
werde alles leiten. Erst fange ich an – in bezug auf
– versteht sich, ohne ihn merken zu lassen – und dann
ergibt[2]) sich das übrige von selbst.

---

[1]) TV: »Aha« eingeschoben.
[2]) TV: Nur »gibt«.

(gesprochener Text)

Lord: Gelingt es, so sind 2000 Pfund Ihr Lohn.

van Bett: 2000 Pfund! Euer Herrlichkeit setzen mich in
   Verlegenheit.

Lord: Wieso?

van Bett: Hat gar nichts zu sagen; weiter, wenn's gefällig
   ist.

Lord: Eilen Sie, die Sache ist dringend und die Zeit kurz.
   Wo finde ich Sie wieder?

van Bett: In einer Stunde sind wir alle in der großen
   Schenke versammelt, unser Mann ist auch dort, und
   Ehrwürden hätten dann die schönste Gelegenheit –

Lord: Gut, gut; um jedem Verdachte auszuweichen, werde
   ich verkleidet dort erscheinen. Sorgen Sie nur dafür,
   daß niemand mit ihm spricht. Vorsicht, die Sache
   ist zu wichtig. Auf Wiedersehen! 2000 Pfund! Bedenken Sie! *(Er geht ab.)*

van Bett: Verlassen Sich Euer Eminenz auf mich.

ELFTER AUFTRITT
van Bett allein.

van Bett: Ich verstehe kein Wort von der ganzen Geschichte. Was Teufel haben sie alle mit dem armen Iwanow
   vor; es muß eine hohe Standesperson sein oder ein
   Staatsverbrecher. Übrigens ist es ein wahres Glück,
   daß die Sache an mich kam, denn wehe dem Staate,
   wo dergleichen politische Angelegenheiten in ungeschickte Hände fallen.

ZWÖLFTER AUFTRITT
Iwanow. van Bett.

Iwanow: Ach Gott! Da laufe ich ihm gerade ins Gesicht.

van Bett (für sich): Da ist er; jetzt krieg ich's heraus – aber
   nur immer fein. *(Freundlich.)* Nun, mein lieber Iwanow.

Iwanow (erstaunt, für sich): Sein lieber Iwanow?

van Bett (für sich): Der vertrauliche Ton scheint ihm zu

(gesprochener Text)

*Die gesprochene Szene, voll von grotesken Verwechslungen
und Mißverständnissen, geht mit einer energisch einsetzenden
Orchestereinleitung in das Duett Nr. 6 über. Es gehört zu den
humorvollsten der Opernliteratur, wobei die Komik auf ver-
schiedenste Weise erzielt wird.*

*Zuerst singen – jeder für sich und säuberlich nacheinander –
Iwanow und der Bürgermeister die gleiche musikalische
Phrase; natürlich jeder mit »seinem« Text und in »seiner«
Stimmlage, van Bett als Baß um eine Quarte unter der Tenor-
lage Iwanows. Dann kommen sie einander näher; es kommt
zu einem echten Zwiegespräch, das allerdings nur aus Andeutungen besteht.*

mißfallen. *(Laut.)* Nehmen Sie's nicht übel, Herr
Iwanow, und seien[1]) Sie versichert, daß ich nichts
weniger beabsichtige, als das Geheimnis zu erraten,
das Sie hier in Saardam zurückhält.

Iwanow (für sich): 's ist richtig, er weiß alles. *(Laut.)* Nun,
weil es denn nicht anders sein kann, Sie haben von
meinem Obersten Nachricht erhalten?

van Bett: Allerdings. *(Für sich.)* Sein Oberst? Der Engländer ist also ein Oberst, das hätte ich heraus.
(Laut.) Ich weiß, welche Gefahr Sie laufen, wenn
der französische Gesandte Sie entdeckt.

Iwanow: Der russische Gesandte wollen Sie sagen.

van Bett: Der französische! Ich werde doch den französischen Gesandten kennen. Aber fürchten Sie nichts.
(Wichtig.) Der englische Oberst ist hier, adest!

Iwanow (für sich): Jetzt ist's wieder ein englischer Oberst.

van Bett: Kurz, es sind alle Maßregeln getroffen – wir
schließen ab zur Zufriedenheit aller Teile.

Iwanow: Wie, Herr Bürgermeister, Sie sind also nicht
gegen mich?

van Bett: Ich? Oh, Herr Iwanow, wie können Sie mich
für so, mit Erlaubnis zu sagen, unpolitechnisch halten?

Nr. 6 Duett

Iwanow (für sich). Darf ich wohl den Worten trauen,
    Spielt er nicht etwa den Schlauen,
    Was ihm sonst zwar schwer gelingt?
    Darf ich es denn wirklich wagen,
    Alles ihm heraus zu sagen,
    Ob es mir nicht Schaden bringt?

van Bett (für sich): Er scheint mir nicht recht zu trauen,
    Spielt am Ende gar den Schlauen,
    Glaubt, daß mir es nicht gelingt.
    Ganz behutsam werd ich fragen,

---

[1]) TV: Auch »sein«.

Doch nun, als hätten sie einander schon zu sehr vertraut, zu viel anvertraut, begibt sich jeder sozusagen wieder in seinen Geheimwinkel, wo sie von neuem gewissermaßen aneinander vorbeireden (die gleiche musikalische Phrase, jeder in seiner Stimmlage):

(14)

> Dann wird er schon alles sagen,
> Was uns großen Nutzen bringt.

Iwanow (zu van Bett):

> Verzeihen Sie, wenn ich es noch nicht wage,
> So mit der Sprache recht herauszugehn;
> Man traut nicht jedem gleich in meiner Lage,
> Sie werden mich recht gut verstehn.

van Bett:

> Ei, Freund, das kann ich keinen wohl verdenken,
> Wenn nämlich er wo Argwohn spürt,
> Doch dürfen Sie mir Ihr Vertrauen schenken,
> Da es zu Ihrem Lebensglücke führt.

Iwanow (ist überrascht und sagt): Mein Lebensglück!

van Bett: Das Ganze leitet mein Genie –

Iwanow: Das freut mich sehr, erfahren Sie –

*(Er stockt. Sie sehen sich eine Weile an, dann singt jeder für
sich.)*

van Bett (beiseite):

> Er will nicht heraus mit der Sprache,
> Und noch ganz dunkel, sehr dunkel ist mir diese Sache,
> Drum ist es Zeit, hohe Zeit, daß den Anfang ich mache,
> Denn bis jetzt bin ich immer, noch immer so klug wie
> vorher.

Iwanow (beiseite):

> Er will nicht heraus mit der Sprache,
> Und noch sehr dunkel, ganz dunkel ist mir diese Sache,
> Doch ist's gewagt, ja es ist sehr gewagt, wenn den An-
> fang ich mache,
> Und ist es geschehen, dann kann ich zurück nimmer-
> mehr.

Jetzt glaubt van Bett, das Rezept gefunden zu haben, den vermeintlichen Zaren zum Reden bringen zu können. Doch dieser kann kein Wort dieses »Verhörs« verstehen, da er eben nicht der Gesuchte ist. Van Bett hält in seiner Einfalt für »diplomatisch«, was in Wirklichkeit echte Verlegenheit Iwanows ist.

So kommt es zu einem kurzen Zwiegesang in Terzen und Sexten, deren volkstümlicher Zusammenklang Einverständnis auszudrücken scheint.

Van Bett glaubt nun, einen letzten Trumpf ausspielen zu müssen, um Iwanows »Geständnis« zu erreichen: Marie. Auch da gibt es zuerst viel Zögern und Mißtrauen auf seiten Iwanows, bis dieser, von Glück überwältigt, alles zu »gestehen« sich anschickt.

van Bett (der sich besonnen):
    Jetzt hab ich's, jetzt hab ich's,
    Nun fang ich ihn gleich.
    (Wichtig.) Was ist Ihr Plan in bezug auf Frankreich?
Iwanow (verwundert): Mein Plan?
van Bett: Nun ja, der Plan, ich meine, der Plan.
Iwanow (für sich):
    Was ficht ihn denn schon wieder an?
van Bett: Mein Gott, Sie kennen doch Frankreich?
Iwanow: Nein.
van Bett: Nicht?
Iwanow: Doch soll's ein schönes Ländchen sein.
van Bett (für sich): Diese Wendung war sehr fein.
    (Laut.) Aber England kennen Sie ganz genau?
Iwanow: Das heißt –
van Bett (für sich): Aha!
Iwanow: Wieso?
van Bett: Ich frage, kennen Sie England ganz genau?
Iwanow (achselzuckend): Je nun!
van Bett (für sich): Die Antwort war wieder schlau.
    Da läßt sich für's erste nun weiter nichts tun,
    's ist gewiß, daß er Aufträge hat.
    Er zuckte die Achseln und sagte: Je nun!
    's ist ein feiner Diplomat.
Iwanow (für sich):
    Soll ich ihm gestehn, oder soll ich's nicht tun?
    Teuer ist hier guter Rat.
van Bett (für sich):
    Er zuckte die Achseln und sagte: Je nun!
    's ist ein feiner Diplomat. –
    Wie wär's, wenn, zum Geständnis ihn zu bringen,
    Ich ihm nun Hoffnung zeigte auf Marien;
    Er ist sehr geneigt, legt leichter sich zum Ziele.
Iwanow (für sich):
    Nun sinnt er sicher wieder neue Fragen aus,
    Die zu beantworten ich nicht imstande bin.
van Bett (laut): Sie lieben meine Nichte?
Iwanow: Was ist das?

*Doch im Grunde handelt es sich nur um ein neues Mißverste-
hen, was wie Verstehen aussieht; denn Iwanow hat nicht zu
gestehen, daß er der Zar ist – wie van Bett es gern möchte –,
sondern nur die diesen gar nicht interessierende Tatsache, daß
er ein Deserteur ist. Van Bett aber ist vom Sieg seiner Schlauheit so begeistert, daß er Iwanow zu diesem Geständnis gar
keine Zeit mehr läßt und im Triumphgefühl abgeht.*

van Bett (für sich): Er stutzt!
> *(Laut.)* Sie lieben sie, nicht wahr, hab ich recht?

Iwanow (für sich):
> Wie kommt in diesem Augenblick er auf Marie?

van Bett (für sich): Er stutzt schon wieder.
> *(Laut.)* Lieben Sie sie nicht?

Iwanow (für sich):
> Ich weiß nicht, soll ich's ihm gestehn?

van Bett (für sich): Er stutzt zum dritten Male!
> *(Laut.)* Nun, junger Stutzer, hören Sie mich an:
> Gelingt des Obersten gehoffter Plan,
> So könnte wohl es sich gestalten,
> Daß Sie Mariens Hand erhalten.

Iwanow (freudig): Was hör ich?

van Bett (für sich): Das traf!

Iwanow: O welch ein Glück, welch süßes Glück!
> Alles willig zu gestehen, sollen Sie bereit mich sehen.

van Bett: Alles willig zu gestehen, werde ich bereit ihn sehen.

Iwanow: Ist der Oberst nur zugegen, schenk ich reinen
> Wein ihm ein.

van Bett: Dazu konnte ihn bewegen meine Schlauheit nur
> allein.

Iwanow: Oh, wie konnt' ich jemals hoffen, zu erreichen
> dieses Glück!

van Bett: Herrlich hab ich es getroffen, ha! Es war
> ein Meisterstück!

Iwanow (beiseite): Endlich wird es mir gelingen,
> Die Geliebte zu erringen
> Und zu ernten süßen Lohn!
> Nun darf ich ohne Furcht gestehen,
> Was mich drückte lange schon.
> Ja, vor Wonne möcht ich springen,
> Endlich wird es mir gelingen,
> Die Geliebte zu erringen
> Und zu ernten süßen Lohn.

van Bett (beiseite): So nur kann es mir gelingen,
> In die Sache Licht zu bringen
> Und zu ernten reichen Lohn!

(gesprochener Text)
Noch kann Iwanow sich nicht völlig fassen. Das Glück, das
van Bett ihm versprochen – Mariens Hand –, verwirrt ihn.
Dazu kommen noch merkwürdige Andeutungen, die der
Bürgermeister geäußert . . .

Da erscheinen Marie und der sie galant verfolgende Marquis
von Chateauneuf, der französische Gesandte, der – so wie van
Bett – auf der Werft den Zaren sucht, von dessen anonymer
Gegenwart er Wind bekommen hat. Sollte es dieser Iwanow
sein, der sich so eifersüchtig wegen Marie gebärdet?

Daß ich gleich alles würd' erspähen,
Ei, das wußt' ich lange schon.
So nur kann es mir gelingen,
In die Sache Licht zu bringen,
Ruhm und Ehre zu erringen
Und zu ernten reichen Lohn. *(Er geht ab.)*

DREIZEHNTER AUFTRITT
Iwanow allein.

Iwanow: Meiner Seel, das begreif ich nicht – ich denke,
der Mann ist bitterböse auf mich und im Gegenteil,
er überhäuft mich nicht nur mit Höflichkeiten, sondern er will sogar mein Glück gründen. Da kommt
Marie – alle Wetter – und der windige Franzose hinter
ihr her; jetzt kriegt meine Freude gleich wieder eine
Ohrfeige.

VIERZEHNTER AUFTRITT
Iwanow. Marie; ihr folgt Marquis von Chateauneuf.

Marquis: Diesmal, mein holdes Kind, entfliehen Sie mir
nicht.

Marie: Lassen Sie mich!

Marquis: Sie sind so[1]) spröde; gewiß fürchten Sie, daß
Ihr Liebhaber –

Iwanow (tritt dazwischen): Da ist der Liebhaber.

Marquis (lacht): Ah, freut mich, daß ich die Ehre habe –

Iwanow: Mich nicht. Ist es bei Ihnen zulande Sitte, daß
man sittsamen Mädchen am hellen, lichten Tage nach-
läuft?

Marquis: Und wenn ich ja sagte?

Iwanow: Hier wollen wir die Sitte nicht einführen, verstehen[2]) Sie mich?

Marquis: Sehr determiniert! – Mein schönes Kind, wie
nennt sich der junge Brausekopf?

[1]) TV: »so« fehlt.
[2]) TV: Auch »verstehn«.

(gesprochener Text)

Iwanow: Peter Iwanow, Ihnen zu dienen oder nicht zu
dienen, besser gesagt.
Marie: So fange doch nur nicht etwa Streit an.
Iwanow: Es ist wahr, ich sollte mich eigentlich bei dem
Herrn bedanken.
(Sie streiten zusammen.)

Marquis (für sich): Peter Iwanow? Es wäre doch lustig,
wenn ich durch die Neckerei mit einem Mädchen
den Zaren entdeckt hätte, den ich seit zwei Tagen
suche.
Iwanow (zu Marie): I Sapperment, alles muß doch seine
Grenzen haben, auch die Courschneidenlasserei,
und meine Meinung mußte ich ihm wenigstens sagen.
Marquis (beiseite): Es wäre möglich – laß sehen[1])!
(Laut.) Ihr heißt Peter?
Iwanow: Ja, zum Henker, ich habe es schon einmal gesagt.
Marie (leise): Wirst du dem Herrn gleich freundlich antwor-
ten, du grober Mensch!
Iwanow: Du wirst doch nicht verlangen –
Marie: Ich tanze heut keinen Schritt mit dir.
Iwanow: Aber Marie –
Marie (böse): Adieu, Herr Iwanow!
Iwanow (mit grimassierter Freundlichkeit zum Marquis):
Ich heiße Peter Iwanow. *(Für sich.)* Daß dich ein
Donnerwetter!

---

[1]) TV: Auch »sehn«.

In dieses – gewiß nicht einmalige – kleine Zerwürfnis zwischen den Liebesleuten läßt Lortzing den Beginn des Finales platzen: Festmusik rauscht auf, die Hochzeitsfeier des Sohnes der Werftbesitzerin beginnt. Noch geht der Disput zwischen Marie und Iwanow weiter, der Zar will sicherlich begütigend eingreifen, als er von der Anwesenheit des Franzosen überrascht wird. Sieht Iwanow in diesem nur den Rivalen bei Marie, so denkt der Zar sofort »weltpolitisch«.

Mit einer hübschen Melodie sucht Chateauneuf, beider Gedanken zu zerstreuen und zugleich Zeit zu gewinnen, da er in Michailow die gesuchte Persönlichkeit ahnt: Im Gegensatz zu van Bett – und später auch dem tölpelhaften englischen Gesandten – weiß dieser manierliche und kluge Mann Menschen zu erkennen.

Wie in der Spieloper üblich, singt jeder der vier Teilnehmer (Marie, der Marquis, Iwanow, der Zar) seine eigenen Gedanken in einem Quartett, desen Stimmen völlig harmonisch miteinander verschmelzen.

FÜNFZEHNTER AUFTRITT
Die Vorigen. Zar.

Nr. 7 Finale

Zar (zu Marie und Iwanow):
    Das Fest beginnt, seid ihr bereit und fertig?
    Schon ertönt lautes Jubelgeschrei;
    Man ist des Brautpaars nur gewärtig,
    Dann ziehn sie im Glanze hier vorbei.
Marie: Eben recht, daß Ihr kommt, denn nur Ihr seid der
    Mann,
    Der den Kopf diesem Herrn da zurechtsetzen kann.
Zar: Was gibt es wieder?
Marie: Händel zwischen den beiden;
    Daß man mich hübsch findet, will er nicht leiden,
    Und ich kann doch, weiß Gott, nichts dafür.
Iwanow: Deine Hübschigkeit geht den Franzosen nichts an.
Marquis (der den Zaren beobachtet):
    Das ist wahrlich ein anderer Mann.
    Die edle Bildung, der feurige Blick!
Iwanow (für sich, auf den Marquis blickend):
    Wart nur, dir brech ich noch das Genick.
Zar (für sich): Ein Franzose, wie kommt der hierher?
Marie (zu Iwanow): Du wütest wieder gar zu sehr.
Iwanow: Oh, daß er doch bei allen Teufeln wär'!
Marquis: Das ist fürwahr kein gewöhnlich Gesicht.
    Laß sehn, vielleicht täusche ich mich nicht.
    (Er tritt zwischen Marie und Iwanow.)
    Ich kam nicht, Zwietracht zu erregen
    Hierher, das glaubt mir sicherlich.
    Drum frag ich, lieber Freund, weswegen
    Seid Ihr so bitterböse nur auf mich?
    Laßt Euren Zorn entschwinden
    Und reicht versöhnlich mir die Hand;
    Ist, eine Schöne schön zu finden,
    Denn ein Verbrechen hierzuland?
    Ich kann kein reizend Wesen sehn,

Dann wendet der Zar sich an Chateauneuf, wobei das Orchester den Finale-Beginn nochmals bringt: Die Unterhaltung dieser beiden Männer, die bald schwerwiegende Bedeutung erlangen soll, beginnt im leichten Festeston. Dann steigert Lortzing das Zwiegespräch, auch im Musikalischen. Die Mittel sind äußerst einfach – eingestreute Triolenrhythmen, erregtere Begleitung –, aber in Art der Musik sehr wirkungsvoll:

(Fortsetzung des Notenbeispiels S. 76)

Muß huld'gend nahn;
Ist hier vielleicht zuviel geschehn,
Erbitt ich gnäd'ge Strafe mir.

Marie: Ich darf in Wahrheit eingestehen,
Er huldigte sehr artig mir:
Hat er zuviel mich angesehen,
Wird gnäd'ge Strafe ihm dafür.

Iwanow: Ich darf in Wahrheit eingestehen,
Er huldigte gehörig ihr;
Das soll ich alles so ansehen,
Und doch verargt den Zorn man mir.

Zar: Ich darf in Wahrheit eingestehen,
Der Mann aus Frankreich scheinet mir
Nicht auf Erobrung auszugehen,
Ihn fesseln andre Zwecke hier.
(Zum Marquis.)
Wo sind Sie her, mein Herr, wenn mir erlaubt zu fragen?

Marquis: Von Rijswijk, der Gesandtschaft dien ich dort;
Wir reisen ab in wenig Tagen.

Zar: Warum verlassen Sie den Ort?

Marquis (den Zaren stets fixierend):
Der Grund ist einfach, es kam uns zu Ohren –
Die Nachricht wurde als verbürgt genannt –
Der Zar sei rettungslos verloren,
Der Russen Niederlage ist nur zu bekannt.

(15)

Beim unbeherrschten Ausbruch des Zaren (»Unmöglich!«),
dessen Heftigkeit dem Marquis die Wahrheit zweifelsfrei
zeigt, hat das Orchester einen neuen Zustand dynamischer
und rhythmischer Dramatik erreicht.

Dann enthüllt Chateauneuf in leisen gesprochenen Worten,
untermalt von Orchestertremolo, dem Zaren, daß er ihn erkannt hat. Von diesem Augenblick an tritt die Musik wieder in
ihre frühere unverdächtige Bewegung zurück. Die Partner des
eben angebahnten diplomatischen Spiels beherrschen sich
klug, um kein Aufsehen zu erregen. Es gelingt: Iwanow und
Marie sind ahnungslos.

Zar (heftig): Unmöglich!

Marquis (für sich): Es ist der Zar, bei meiner Ehr'.

Zar: Wer sagt das?

Marquis: 's ist gewiß, der Russen tapfres Heer
    Soll vom Großwesir total geschlagen sein.
    Indem wir reden, ziehen sie in Moskau ein.

Zar (sich vergessend): Ha, schändlich ist's erlogen!
    Die Türken weit und breit,
    Sie zittern vor der Russen Tapferkeit;
    Die Siege bei Procop verkünden ihre Taten.

Marquis (leise sprechend, zum Zaren):
    Sie sind der Zar, Sie haben sich verraten.

Zar (für sich): Was tat ich?

Marie und Iwanow (die sich zurückgezogen, vortretend):
    Was habt ihr?

Zar: Es ist nichts, mein Freund, glaube mir.

Iwanow (triumphierend zum Zaren):
    Du nimmst dich meiner treulich an,
    Das ist brav!

Die Bühnenmusik setzt fröhlich ein:

(16)

Sie entführt Marie und Iwanow in den Hintergrund, wo der Tanz beginnt.

Sofort – und mit einer starken Rückung von E- nach C-Dur – setzen der Zar und der französische Gesandte ihr Gespräch in ausdrucksvollen Rezitativphrasen fort.

Sehr fein mischt Lortzing nun musikalisch die Festmusik mit der Staatsaktion. Dann belebt die Szene sich mit vielen Menschen, der (Männer-)Chor bekommt eine schwungvolle Melodie, die schon vom Orchester gutgelaunt vorweggenommen wurde:

(Fortsetzung des Notenbeispiels S. 80)

Marie (spottend zu Iwanow):
  Was hat man dir zuleid getan,
  Du armer, armer Mann?
     (Musik auf dem Theater.)
  Ach, die Musik, ei, das ist gut.
  Es geht zum Tanz.
Iwanow: Mir ist gar nicht tanzerig[1]) zumut.
    (Sie gehen nach dem Hintergrund.)
Marquis (zum Zaren): Sire, ich habe Sie erkannt.
Zar: Wer sind Sie?
Marquis: Marquis von Chateauneuf,
  Vom König von Frankreich hierhergesandt.
  Wollen Sie die Gnad' gewähren,
  Mich huldreich anzuhören?
Zar (leise): Man kommt. Auf Ihr Inkognito bedacht!
  Wir treffen uns, für jetzt so viel,
  Daß mir Ihr Hiersein Freude macht,
  Es führt vielleicht uns zum gehofften Ziel.

[1]) TV: Auch »tanzerich«.

(17)

Zur chorumrahmten Festmusik finden sich Iwanow und Marie in der Hoffnung, bald selbst als Brautpaar im Mittelpunkt eines solchen Festes zu stehen.

Die Frage der Werftbesitzerin, Meisterin Browe, lenkt die Aufmerksamkeit aus dem Festestrubel auf die beiden Männer, die ein wenig abseits stehen und sich angelegentlich in Gespräch vertieft zeigen. Die Meisterin hält es jedenfalls für an-

SECHZEHNTER AUFTRITT

Die Vorigen. Meisterin Browe. Braut und Bräutigam nebst
Gefolge. Musikanten.

Chor: Lustig zum Tanze, jubelt, springet,
  Lustig zum Schmause, Gläser klinget!
  Schmücket mit Blumen, Bändern und Kränzen das
  bräutliche Haus!
  Glück, Heil und Segen
  lache entgegen
  Auf allen Wegen
  Dem lieblichen Paar!
  Doch übers Jahr
  Bringen wir neue Wünsche dar.

Meisterin Browe:
  Ist es gefällig, Jungfer Marie,
  Euch unserm Zuge anzureihn?

Marie: Ihr seid zu gütig, die Braut geleiten
  Wird mir 'ne große Ehre sein.

Meisterin Browe:
  Dann laßt uns gehen, dort in der Schenke
  Ist zum Empfang schon alles bereit.

Iwanow: Weißt du, Marie, was ich jetzt denke?
  Ich wollte, wir wär'n auch soweit.

Marie: Sieh doch nicht so grämlich drein,
  Versprich mir, recht hübsch fromm zu sein,
  Und plage dich nicht mit Sorgen.
  Ist es nicht heute, ist es doch morgen,
  In kurzem sind wir auch soweit,
  Dann singt man uns, so wie ihnen heut.
  Lustig zum Tanze, jubelt, springet,
  Lustig zum Schmause, Gläser klinget!

Chor: Lustig zum Tanze, jubelt, springet,
  Lustig zum Schmause, Gläser klinget!

Meisterin Browe (erblickt Chateauneuf):
  Wer ist der Fremde, kennt ihr ihn nicht,
  Mit welchem Peter so eifrig spricht?

Chor: Wer ist der Fremde, kennt ihr ihn nicht?

Iwanow: Neugierig seid ihr ganz und gar nicht.

gezeigt, den Fremden ebenfalls zum bevorstehenden Festes-
schmaus einzuladen.

Nun werden, zu immer intensiverer Orchesterbegleitung, Fet-
zen aus dem Gespräch des Zaren mit Chateauneuf verständ-
lich. Wiederum vergißt der Zar sich für Augenblicke, da es
um Dinge geht, die ihn innerlich tief bewegen und ihm zeitwei-
lig die Beherrschung rauben. Er erwähnt (wie in seiner frühe-
ren Arie) die Feinde, die im Heimatland seine wohlgemeinten
Pläne durchkreuzen wollen, seine Reformideen mißverstehen
und Rußlands Fortschritt aufhalten:

(Fortsetzung des Notenbeispiels S. 84)

's ist ein Franzose, der dort steht
Und allen Mädchen den Kopf verdreht.

Die Mädchen (sich vordrängend): Allen Mädchen?

Marie: Das ist nicht wahr!

Iwanow: Ja so, nur einer.

Die Mädchen: Ist das wahr, ist das wahr?

Iwanow: Jetzt ist mir's klar.

Meisterin Browe:

Scheint ein Bekannter von Peter zu sein,
Dann ist es schicklich, man ladet ihn ein.

*(Sie will sich dem Zaren nähern, welcher bis dahin mit dem
Marquis eifrig gesprochen hat.)*

Iwanow: Das fehlte noch!

Zar (mit steigendem Feuer):

Denen ich Lieb um Lieb geweiht,
Glanz und Wohlstand gegeben,
Mir trachten die Falschen nach dem Leben!
Doch die Verräter sollen es büßen!
Sterben seh ich sie bald zu meinen Füßen!

(18)

Des Zaren dramatischer Ausbruch ist nicht unbemerkt geblieben. Auf eine leise Ermahnung Chateauneufs lenkt er sofort wieder in die Tanzmusik ein, als wäre nichts geschehen.
Freudig fällt der Chor ein. Zar und Botschafter verschieben
ihre entscheidende Besprechung auf das spätere Mahl, und zu
vielerlei Varianten der Festmusik setzt das Schlußensemble
ein, an dem sich die fünf Solisten (Marie, Chateauneuf, Iwanow, Zar, Witwe Browe) und der Chor beteiligen:

(Notenbeispiel S. 86)

Alle werden aufmerksam.

Marquis (bemerkt es und flüstert dem Zaren zu):
Vorsicht, Sire, man merkt auf uns.

Zar (faßt sich schnell und wendet sich mit erkünstelter Hei-
terkeit zu den übrigen):
Lustig zum Tanze, jubelt, springet.
(Für sich.) Mein heißes Blut verrät mich.

Marquis (einfallend):
Lustig zum Schmause, Gläser klinget!

Chor: Lustig zum Tanze, jubelt, springet,
Lustig zum Schmause, Gläser klinget!

Zar (zum Marquis):
Hier lauscht man jedem unsrer Worte,
Ich harre Ihrer am genannten Orte.
Dort, von der Gäste Schwarm umrauscht,
So leicht kein Späher uns belauscht.
(Heiter zum Chor.)
Die Zeit verrinnt, das Fest beginnt!

Chor: Die Zeit verrinnt, das Fest beginnt!
Der Tag sei nur der Lust geweiht,
Auf, auf zur Freud und Fröhlichkeit!

Marie: All diese bangen Zweifel, wann werden sie wohl en-
den?
Schenkst du mir nicht Vertrauen, so wirst du nie mein
Mann.
Ich glaube, wenn wir beide schon vorm AAltare stän-
den,
So fingst du, mich zu quälen, von neuem wieder an.
Denn deinem Wort ist nicht zu glauben,
Und bin ich auch dein Weibchen, so hegst du dennoch
Zweifel,
Denn seh ich mich nur um, so wandelt Eifersucht dich
an.

Iwanow: All diese bangen Zweifel, sie werden dann erst en-
den,
Wenn ich als teure Gattin ans Herz dich schließen kann.
Oh, daß wir doch nur beide schon vorm Altare ständen.
Wie ruhig und zufrieden, wie glücklich wär' ich dann.

(19)

Ja, auf mein Wort, du darfst mir traun,
Ja, auf mein Wort, du darfst mir glauben!
Bist du nur erst mein Weibchen, dann schwinden alle
Zweifel
Und nimmer wandelt mehr ein Zug von Eifersucht
mich an.

Zar und Marquis: Mög' der Himmel gnädig wenden,
Was Verräterlist ersann,

Sonst $\begin{Bmatrix} \text{muß} \\ \text{wird} \end{Bmatrix}$ blutig $\begin{Bmatrix} \text{ich} \\ \text{er} \end{Bmatrix}$ vollenden

Und bestrafen diesen Plan.
Wo Undank wohnt, nicht Frieden thront.

Meisterin Browe und Chor:
Freude streut mit vollen Händen
Heute Gaben jedermann,
Wollet drum den Wortkram enden,
Daß das Fest beginnen kann.
Ja, dieser Tag sei nur geweiht
Der Fröhlichkeit, der Heiterkeit;
Drum weg mit Grillen, weg mit Sorgen,
Tanzt und jubelt bis zum Morgen!

Marie: Doch weg mit Grillen, weg mit Sorgen,
Tanzt und jubelt bis zum Morgen!
Ach, wie gerne möcht ich dir vertraun,
Leider kann ich nie auf deine Schwüre baun.

Iwanow: Doch weg mit Grillen, weg mit Sorgen,
Tanzt und jubelt bis zum Morgen!
Ja, du kannst auf meine Schwüre baun.
Ich schwör es, du darfst mir kühn vertraun.

Zar und Marquis:

$\begin{Bmatrix} \text{Mein} \\ \text{Sein} \end{Bmatrix}$ Volk beglücken $\begin{Bmatrix} \text{ist mein} \\ \text{war sein} \end{Bmatrix}$ eifriges Bestreben,

Undank ist dafür $\begin{Bmatrix} \text{mein} \\ \text{sein} \end{Bmatrix}$ Lohn.

(Alles wendet sich zum Gehen.)

Der nur kurze Zeit nach dem ersten spielende zweite Akt setzt gewissermaßen dessen abschließende Festmusik fort, bringt aber völlig neue Melodien (neben Varianten früherer), so die volkstanzartige, mit der der Akt einsetzt und die durchaus einem niederländischen (flämisch-flandrischen) Tanz entnommen sein könnte. Deutet Lortzing hier schon seine Kenntnisse dieser Volksmusik an (die wir heute als folkloristisch bezeichnen würden und die im folgenden Lied auch als solche bezeichnet wird)?

(20)

Wieder bekommt der Chor, dieses Mal mit Einschluß der Frauenstimmen, eine dankbare, stimmungsmalende Aufgabe. Bühnenbild, Musik und Bewegung lassen eine Interpretin der Oper (Hanna Walch-Moser) nicht zu Unrecht an die Gemälde des großen niederländischen Malers David Teniers des Jüngeren (1610–90) denken. Der Aktbeginn wirkt tatsächlich wie ein Genrebild der flämischen Schule mit ihrem kleinbürgerlichen Frohsinn, ihren Hafenszenen, gemütlichen und gemütvollen Häusern mit Giebeln und Glasfenstern, tanzenden und singenden Menschen inmitten eines geruhsamen Friedens voll Freude und Zufriedenheit.

ZWEITER AUFZUG

Das Innere einer großen Schenke
Der offene Hintergrund gewährt die Aussicht in den Garten
mit Lauben und Bogengängen; Blumengewinde und bunte
Lampen zieren das Ganze. Im Vordergrund wie im Garten
befinden sich Stühle, Bänke und Tische mit Krügen, Fla-
schen, Gläsern, Pfeifen usw.

ERSTER AUFTRITT

Zar, Iwanow sitzen vorn links zur Seite und rauchen. Zim-
merleute, Frauen und Mädchen sitzen teils an Tischen und
trinken, teils gehen sie umher, schäkern usw. Beim Aufziehen
des Vorhangs muß das Ganze ein lebendiges Bild zeigen.

Nr. 8 Introduktion und Chor

Chor: Hoch lebe die Freude, hoch!
Nur sie ist die Würze im Leben.
Was wünscht der Mensch wohl noch,
Ist Frohsinn und Freude ihm gegeben?
Einzelne Stimmen:
Mich freut ein Gläschen, mich freut ein Mädchen,
Mich ein schön Mieder, mich frohe Lieder.
Alle: Gesundheit und ein heitrer, froher Sinn
Reichen schon zur Freude hin.
Drum freuet euch!
Worüber, das bleibt sich gleich.
Männer: Frau Gevattrin, Ihr sollt leben!
Frauen: Ei, wir danken schön dafür.
Männer: Und die Frau Nachbarin daneben!

Aus diesem » Bild« entwickelt die Handlung sich dann mit den darauffolgenden Prosaszenen fort. Wieder – und Lortzings Geschicklichkeit als Textdichter fällt hier von neuem auf – weiß die abwechslungsreiche Handlung private und weltpolitische Fragen und »Probleme« miteinander zu verquicken.

Frauen: Uns zu bedanken nach Gebühr.
Alle: Wenn auch das Glas in Stücken zerfällt,
    Stoßt an, es leb' die ganze Welt. Juchhe!
    Schenket euch ein und trinket alle Gläser leer,
    Wer doch sein lebelang so froh und fröhlich wär'!
    Stoßt an! Juchhe!

ZWEITER AUFTRITT
Die Vorigen. Lefort.
Iwanow (steht gegen Ende des Chores auf): Nein, nun halt
    ich's nicht länger aus, ich muß sehen, wo sie steckt.
    (Er geht nach dem Hintergrunde.)
Zar: Nun, Iwanow, wohin? *(Er erblickt Lefort.)* Ha, Lefort!
Lefort (tritt zu ihm, leise): Alles ist zur Abreise bereit.
Zar: Noch einen Augenblick, Lefort. Ich erwarte jemand,
    dessen Anwesenheit meine Pläne ändern könnte.
Lefort: Darf ich fragen, wen?
Zar: Den französischen Gesandten.
Lefort: Und seine Absicht?
Zar: Ist, meine Anwesenheit in Saardam zu benutzen,
    mich zu gewinnen, und ich gestehe, daß die Allianz
    gerade in diesem Augenblick mir mehr als willkom-
    men wäre.
    (Sie sprechen leise weiter.)
Iwanow (tritt wieder vor): Es ist von ihr nichts zu hören
    noch zu sehen, und ich hätte so viel mit ihr zu bereden.
    Oh, warum muß man sich doch, wenn man verliebt
    ist, ewig abquälen? Ich sehe gar nicht ein, warum,
    nicht einmal die Notwendigkeit.
Mehrere Gäste (rufen): Bier her, Rum!

DRITTER AUFTRITT
Die Vorigen. Marquis von Chateauneuf.
*Marquis (tritt als holländischer Offizier verkleidet auf,
    den Zaren suchend):* Ich muß gestehen, die Gesell-
    schaft ist nicht übel für gekrönte Häupter und ihre
    Gesandten.

(gesprochener Text)

Zar (den Marquis erblickend, für sich): Ha, Chateauneuf.
   (Laut.) Kamerad, Kamerad!

Iwanow: Wieder ein neuer Gast.

*(Zar reicht dem Marquis die Hand und lädt ihn zum Sitzen
   ein.)*

Marquis (setzt sich auf Iwanows Platz): Guten Tag, Kame-
   raden.

Iwanow (für sich): Der macht nicht viel Umstände.
   (Laut.) Hört, guter Freund, das ist mein Platz.

Marquis: So? Das freut mich.

Iwanow (für sich): Gott steh mir bei. Das ist der Franzose
   von heute früh.

Zar (zu Iwanow): Nun, was fehlt dir? Du scheinst ja ganz
   verwirrt.

Iwanow: O nichts. *(Beiseite.)* Wetter! Ich errate, weshalb
   er kommt. Er hat es auf Marie[1]) abgesehen. Nun
   wird mir's nachgerade zu bunt.

Zar: Iwanow – nimm deine Pfeife.

Iwanow (trocken): Ich habe schon geraucht.

Zar: So nimm dein Glas –

Iwanow: Ich habe keinen Durst.

Zar: Ich wollte auf Maries[2]) Gesundheit trinken.

Marquis: Wer ist das schöne Kind?

Iwanow (zum Marquis): Tun Sie mir den Gefallen, stellen
   Sie sich nicht so unschuldig.

Zar: Du bist übel gelaunt.

Iwanow: I behüte. Ich kam hierher, mich lustig zu machen,
   und das tue ich auch. Juch! – Ich möchte verrückt
   werden!

   (Zar, Marquis und Lefort lachen).

[1]) TV: Ältere Form »Marien«.
[2]) TV: Auch »Mariens«.

(gesprochener Text)

VIERTER AUFTRITT
Die Vorigen. Marie (sehr eilig).

Marie (zu Iwanow): Aber, wo steckst du denn? Ich suche
dich überall.

Iwanow: Siehe da, es freut mich, daß ich endlich das Ver-
gnügen habe —

Marquis (sich umsehend): Die Kleine sieht bezaubernd
aus.

Lefort: Allerliebst.

Zar: Bist du nun zufrieden, Iwan? *(Leise zum Marquis.)*
Zur Sache, Herr Marquis!

Iwanow: Allerliebst, bezaubernd! Und das hörst du alles
an?

Marie: Mein Gott, ich kann den Leuten doch[1]) das Reden
nicht verbieten. Geh, du bist wieder recht brummig!
Ich habe mich so oft auf den heutigen Abend gefreut,
aber immer mußt du mir die Lust verbittern. — Komm
mit, wir haben uns in der großen Laube versammelt
und wollen das Brautlied singen, das uns Peter Michaelow gelehrt hat, du tanzest dann mit mir die Run-
de.

Iwanow: Marie, sieh mir einmal ins Gesicht.

Marie (tut es): Nun?

Marquis (zieht mehrere Papiere hervor, leise zum Zaren):
Hier ist der Traktat, wenn Euer Majestät geruhen
wollen —

Iwanow: Hast du mich wirklich aufgesucht?

Marie: Wen soll ich denn suchen?

Iwanow: Es könnte ja auch[2]) wohl der gewisse Jemand
sein.

Marie (lauter): Du meinst doch nicht den Franzosen?
(Marquis hört es und sieht sich um).

Iwanow: Ja, sehen Sie sich nur um, die Rede ist von Ihnen.

Marie: Pfui, Iwan, das war wieder ein schlechter Witz.

Marquis (steht auf): Sie haben mich also wiedererkannt,
mein schönes Kind?

---

[1]) TV: Umgestellt: ich kann doch den Leuten das Reden . . .
[2]) TV: »da« fehlt.

(gesprochener Text)

Auf allgemeinen Wunsch, der noch vom Zaren unterstützt wird, weil er zum Lesen des französisch-russischen Bündnisvertrags (wie Chateauneuf ihn vorgelegt hat) unbeobachtet bleiben will, findet der Marquis sich zu einem »schmachtenden, zärtlichen« Lied bereit. Nach einer ausdrucksvollen, von Violinen und Bläsern abwechselnd gespielten Einleitung setzt er ein:

(Notenbeispiel S. 98)

Iwanow: Jetzt geht das Courschneiden wieder los.

Marie: Mein Herr, wir haben keine Zeit.[1])

Mehrere Gäste (haben sich, während der Zar liest, hinter ihm gesammelt): Was haben denn die da zu verhandeln?

Andere: Wohl Staatsgeheimnisse?

Marie (die sich mit dem Marquis unterhielt): Nein, mein Herr, wir haben keine Zeit, wir müssen zum Konzert.

Marquis (lacht): Zum Konzert?

Marie (mit einem Knicks): Ich bin die Sängerin, mit Ihrer Erlaubnis, ich singe vor.

Marquis: Ach, dürfte ich Ihnen doch nachsingen.

Marie: Das steht Ihnen frei. Können Sie denn auch singen?

Marquis: Ei wohl, aber nur zärtliche, schmachtende Romanzen. *(Er geht zum Zaren zurück.)*

Iwanow (läuft herum): Gott steh mir bei! *(Zu Marie.)* Komm, Marie, wenn der Kerl gar anfängt zu singen, trifft mich der Schlag.

Marquis (leise zum Zaren): Sie werden beobachtet.

Iwanow: Komm, Marie, mir fängt an schwül zu werden.

Marie: Gleich! gleich! *(Zum Marquis.)* Bitte, lieber Herr, singen Sie etwas Schmachtendes.

Iwanow: Aber Marie —

Zar (leise zum Marquis): Tun Sie es, damit ich ungestört bin.

Marquis (zu Marie): Was könnte ich Ihnen abschlagen? Sie wünschen also —

Marie: Etwas recht Zärtliches; hier *(auf Iwanow zeigend)* dieser junge Mann hört es so gern.

(Iwanow seufzt.)

Marie: Hören Sie, wie er seufzt. Ja, solche Lieder sind seine Passion, so etwas zum Zerfließen! *(Leise zu Iwanow.)* Das ist für deinen niedrigen Argwohn.

Marquis: Tretet näher, meine Freunde, und singt den Endreim mit.

> *(Alle sammeln sich um den Marquis).*
> *(Zar an seinem Tische, liest ungestört).*

[1]) TV: Diese Zeile fehlt.

Marquis

1. Le - be wohl, mein flan-drisch

pp

Mädchen, wi - der Wil-len muß ich fort;

(21)

Der erste Teil des Liedes trägt, in Lortzings Originalhand-schrift, den Vermerk, daß es sich um »eine flandrische Natio-nalmelodie« handle. Lortzing hat ihr eine Fortsetzung in ver-ändertem Rhythmus, wenn auch gleichem Tempo hinzuge-fügt, sowie den Chorrefrain, bei dem Marie den Marquis mit einer teils unisono, teils in Sexten melodiös geführten Ober-stimme begleitet. Flöte und Oboe führen ein Nachspiel aus, das nochmals die flandrische Melodie aufgreift, bevor die Streicher das zweistrophige Lied zu Ende bringen.
Eine Frage drängt sich auf: Wie kommt der Berliner Lortzing in Leipzig auf eine flandrische Volksweise? (Abgesehen da-von: Warum legt er sie dem »Gast« Chateauneuf und nicht ei-nem »Einheimischen« in den Mund? Weil kein holländischer Mann vorkommt, dem man sie zutrauen könnte?) Die Ro-mantik begann, sich in intensiver Weise mit Volkskunst, Volkstanz, Volkslied zu befassen, Sammlungen internationa-ler Volksweisen wurden angelegt und herausgegeben –, diese

Nr. 9 Lied mit Chor

Marquis: Lebe wohl, mein flandrisch Mädchen,
Wider Willen muß ich fort;
Doch ich liebe dich von Herzen,
Darauf geb ich dir mein Wort.
Teurer weit als meine Seele
Bist du, o Geliebte, mir!
Und keiner andern soll's jemals gelingen,
Mir auch entfernt nur gefährlich zu sein;
Konnt' ich dein Herz, deine Liebe erringen,
Kann ich auch ewige Treue dir weihn!

Marie, Marquis und Chor:

Ewige Treue will $\left\{ \begin{array}{c} \text{ich} \\ \text{er} \end{array} \right\}$ ihr weihn.

$\left. \begin{array}{c} \text{Ich} \\ \text{Er} \end{array} \right\}$ will ewige Treue der Teuren weihn.

Marquis: Gib mir diese seidne Locke,
Auf dem Herzen ruhe sie,
Meiner holden Maid aus Flandern,
Die ich wider Willen flieh,
Ihrer werd ich mich erinnern,
Wenn mich Kampf und Schlacht umgibt.
Doch wirst du auch einstens meiner gedenken,
Der dir gehöret mit Herz und mit Sinn,
Und eine Träne der Wehmut mir schenken,
Wenn ich nicht mehr unter Lebenden bin?
Wirst du auch meiner zärtlich gedenken,
Teures Mädchen, der dir stets gehöret mit Herz und
Sinn?

Marquis, Marie und Chor:
Der dir gehört mit Herz und Sinn;
Wirst du mein auch gedenken mit Herz und Sinn?

Melodie des Chateauneuf wird übrigens nicht die einzige, dem Volk abgelauschte Melodie bleiben, die Lortzing in diesem Werk verwendet.
Auf das wirkungsvolle und sehr bekannt gewordene Lied folgt abermals eine Reihe von Prosaszenen.

(gesprochener Text)

FÜNFTER AUFTRITT

Die Vorigen. Meisterin Browe kommt von hinten.

Meisterin Browe: Bringt die Tische und Bänke beiseite,
wir müssen hier tanzen; es wird zu feucht im Garten,
und das ist für junge Eheleute nicht gut.

Marie: Frau Meisterin, ist mein Oheim noch im Garten?

Meisterin Browe: Ei freilich, er tut mehreren Zimmerleuten[1]) die Ehre an, mit ihnen zu trinken, und schreit
dabei, daß einem Hören und Sehen vergeht.

Marie: Desto besser, so denkt er nicht an mich.

Iwanow: Du fürchtest wohl, er möchte dich in deiner höchst
angenehmen Unterhaltung stören, denn du bist über
das Lied ja ordentlich verzückt!

Marie: Höchst!

Iwanow: Ganz außer dir.

Marie: Höchst.

Iwanow: Du beträgst dich –

Marie: Wie eine Verzückte.

Meisterin Browe: Aber, was habt ihr denn miteinander?

Marie: Herr Iwanow setzt mir soeben die Romanze auseinander, die der Herr sang.

Meisterin Browe: Dummes Zeug! Stellt euch zum Tanz,
gleich kommt die Musik. *(Sie geht anordnend nach
dem Hintergrunde.)*

Iwanow: Nichts setz ich auseinander, aber die Romanze
setzt uns auseinander, und ich danke Gott, daß mir
endlich die Augen geöffnet wurden. Oh, ich merke
alles, ich bin nicht so dumm. Der verkappte Franzose
hat dich bestrickt, will dich zur Gräfin, zur Prinzessin,
zur – Gott weiß was – machen, und mich denkst du
solange an der Nase herumzuführen – aber nein,
so haben wir nicht gewettet. Gott ist mein Zeuge,
ich habe dich so herzlich liebgehabt, ich hätte mein
Leben für dich gegeben, ich wäre mit dir in den Kanal
gesprungen. Aber nein, erst werfe[2]) ich den Roman-

---

[1]) TV: Hier »Zimmerherrn«.
[2]) TV: Statt »werfe« auch »schmeiss«.

(gesprochener Text)

zensänger hinein und dann – dann springe ich noch
lange nicht hinterdrein.

Marie (nach einer kleinen Pause, ernst): Wäre dein Betra-
gen einer Erwiderung wert, so würde ich dir antwor-
ten, so aber will ich es bis morgen versparen, wenn
du ausgeschlafen hast. Das eine nur: Halte mich nicht
für herzlos und glaube gewiß, daß deine Rede mich
erschüttert haben würde – ich schwöre es dir *(tragisch)*
bei der Liebe, die ich stets für dich gehegt habe –,
wenn du mir nicht die beruhigende Gewißheit gegeben
hättest, daß du – *(mit Humor)* unter keiner Bedingung
ins Wasser springst. *(Sie lacht.)*

Iwanow: Das hab[3]) ich nun davon, jetzt lacht sie mich
noch aus. O Weiber, Weiber![4])

SECHSTER AUFTRITT
Die Vorigen. van Bett.

van Bett (noch hinter der Szene): Schon gut, schon gut!
Stattet mir morgen Euern Bericht ab; jetzt hab ich
keine Zeit.

Marie: Mein Oheim, er darf mich hier nicht finden! *(Sie
versteckt sich unter der Menge.)*

Meisterin Browe (mit van Bett vortretend): Was gibt's,
Herr Bürgermeister?

van Bett: Kleinigkeit. Soeben meldet mir mein Schreiber,
daß verschiedene Gefangene meine Abwesenheit
benutzt haben und entwichen[5]) sind.

Meisterin Browe: Ei, das ist denn doch –

van Bett: Pah, das ist mir schon hundertmal passiert. *(Er
blickt spähend umher.)*

Meisterin Browe: Wen[6]) suchen denn der Herr Bürgermeister?

van Bett: Ich reflektiere bloß. *(Für sich.)* Der Mann von

---

[3]) TV: Hier auch »habe«.
[4]) TV: Zweites »Weiber« fehlt.
[5]) TV: Auch »entwischt«.
[6]) TV: Anstelle von »wen« steht »was«.

(gesprochener Text)

2000 Pfund läßt lange auf sich warten. *(Er erblickt
Iwanow.)* Ah, sieh da, Herr Iwanow! Ich freue mich,
daß ich die Ehre habe.

Meisterin Browe: Ei, Sie sind ja auf einmal gewaltig höflich
gegen einen Zimmergesellen.

van Bett (leise): St! Erinnert Ihr Euch, Frau Browe, was
ich heute früh zu Euch sprach?

Meisterin Browe (ebenso): Wegen Iwanow?

van Bett: Ich sagte Euch: Dieser vermeinte Zimmergeselle
ist nicht, was er scheint; er ist entweder ein Prinz
oder ein Spitzbube, ein Mittelding gibt's nicht.

Meisterin Browe: Aber, gestrenger Herr Bürgermeister —

van Bett: Prinz oder Spitzbube, denkt an mich. *(Er sieht
sich um.)* Da kommt der Mylord. *(Zur Witwe Browe.)*
Laßt Euch aber nichts merken.

Meisterin Browe (sich zurückziehend): Der schwatzt wieder
entsetzlich viel dummes Zeug.

SIEBENTER AUFTRITT

*Die Vorigen. Lord Syndham, als holländischer Schiffer ver-
kleidet, tritt vor.*

van Bett (ihm entgegen): Ah – Euer Herrlichkeit.

Lord (leise): St! Hier bin ich nicht Lord.

van Bett (ebenso): Das konnt' ich mir gleich denken. Ich
habe schon alles eingeleitet. Dort *(auf Iwanow deutend),* dort ist unser Mann.

Lord: Sind Sie Ihrer Sache auch gewiß?

van Bett: Das sollen Sie gleich hören. *(Laut.)* Herr Iwanow!

Iwanow: Zu Befehl! *(Für sich.)* Aha, das ist der Oberst!

van Bett (leise zum Lord): Sehen Sie, alles ist richtig.

Lord: Was richtig?

van Bett: Alles. Hören[1]) Sie nicht, er sagte: zu Befehl.

Lord: Nun?

van Bett: Wenn einer »zu Befehl« sagt, ist alles richtig.

Lord: Ich werde mich überzeugen.

[1]) TV: Auch »Hörten«.

Nun sind die Gruppierungen vorgenommen: auf der einen Seite der Zar mit Chateauneuf und Lefort, auf der anderen der vermeintliche Zar (Iwanow) mit van Bett und dem englischen Gesandten. Daraus schmiedet Lortzing ein glänzendes Sextett, das musikalisch zu den stärksten Stücken der Partitur gehört. Es beginnt im Unisono, um die »Entschlossenheit« zu zeigen, mit der jeder von ihnen ans Werk zu gehen denkt –, wenn auch jeder mit eigenem Ziel:

(22)

Dann spaltet sich das Sextett, gemäß der Gruppierung, in zwei Terzette. Doch während van Bett und der Lord, die Iwanow für den Zaren halten, um den heißen Brei herumreden, gelangen die konkreten Verhandlungen am andern Tisch rasch zu einem günstigen Abschluß. Zeitweise treten die sechs Stimmen wieder zusammen, nicht nur musikalisch, sondern witzigerweise auch textlich (»mit Vorsicht, nur auf solche Weise gelinget der Plan«), obwohl eigentlich wieder alle von verschiedenen Dingen sprechen.

Iwanow: Holla! Rum! Gläser!
Zar: Papier und Tinte.
*(Man bringt das Verlangte. Der Chor hat sich währenddes-
sen zurückgezogen.)*

Nr. 10 Sextett

van Bett, Lord, Iwanow, Marquis, Zar, Lefort:
 Zum Werk, das wir beginnen,
 Braucht es der Klugheit Macht,
 Um Großes zu gewinnen
 Durch Pläne, schlau erdacht.
 Drum prüfe sich ein jeder,
 Jetzt ist dazu noch Zeit,
 Auf daß dann keiner später
 Geschehenes bereut. Ans Werk!
*(Alle setzen sich: der Lord, van Bett und Iwanow an den Tisch
 rechts, der Zar, der Marquis und Lefort links.)*
Lord (zu van Bett):
 Sind Sie gewiß, daß wir ganz ungestört?
van Bett: Sei'n Sie versichert, daß niemand hier uns hört.
Lord (nach rechts zeigend):
 Doch jene Leute an dem Tische dort?
van Bett: 's sind lust'ge Vögel, hören nicht ein Wort.
 Doch bäte ich, zum Ziele zu gelangen.
 Daß jeder nun frei und offen seine Meinung sagt.
Iwanow: Das ist mir lieb.
van Bett: Heraus denn ohne Bangen;
 Hier unter lauter guten Freunden keiner etwas wagt.
Marquis: Sind Sie gewiß, daß niemand hier uns hört?
Zar: Sei'n Sie ganz ruhig, wir sind ganz ungestört.
Marquis: Doch jene Zecher an dem Tische dort?
Zar: 's sind lust'ge Vögel, sie schwatzen, sie trinken
 Und hören nicht ein Wort.

Lortzing verwendet viel Witz auf Wirkungen, wie sie musikalische Lustspiel-Komponisten seit langem benutzen: plötzliche Pianissimostellen nach einer breit und laut gesungenen Phrase, so als ertappten sich die Sänger auf einer Indiskretion, die es rasch gutzumachen gelte: »werde jeder Schritt getan« (laut) »mit Vorsicht« (plötzlich ganz leise), »auf solche Weise« (anschwellend, bis in höchste Lagen) »gelinget, gelinget der Plan . . . mit Vorsicht« (plötzliches Pianissimo aller sechs Stimmen). Ein alter (italienischer) Buffo-Rekurs, der hier geistreich und lustig ins Deutsche »transponiert« erscheint.

Einfallsreich ist die Verbindung kluger und dummer Personen (Zar und Bürgermeister, aber auch des französischen und des englischen Gesandten) im gleichen Tonstück, ja mit der gleichen Musik. Eine ganz andere Frage wäre – oft von Betrachtern gestellt –, warum der französische Gesandte als weltgewandt, menschenkennerisch, diplomatisch, charmant geschildert ist, der englische hingegen als ungeschickt in allem, eher Lächeln als Sympathie hervorrufend. Spielt da wirklich, wie manchmal behauptet wird, politische Zu- bzw. Abneigung eine Rolle, wie sie im damaligen Deutschland empfunden wurde? Wir möchten es bezweifeln und als Grund für eine so entgegengesetzte Behandlung rein künstlerische, dramaturgische Gründe annehmen. Wir sind in einem Lustspiel, und warum sollte da nicht jeweils einer ernsten eine komische Figur gegenüberstehen: dem Zaren – van Bett, dem französischen Gesandten – der englische.

Das ergibt wirkungsvolle Kontraste, auf die ein Lustspiel ja stets aufgebaut ist. Hier beginnen sie bereits mit dem Nebeneinander von »hoher« (hier allerdings ein wenig primitiv dargestellter) Staatspolitik und einer konfliktreichen Privatatmosphäre.

Lord (zu Iwanow):
    Geruhen Majestät mich anzuhören.
van Bett (erstaunt): Majestät?!
Iwanow: Ei, wie komm ich so zu Ehren?
Lord: Verzeihung, ich vergaß –
van Bett (für sich): 'ne Majestät. *(Laut.)* Aha!
Lord: Nicht unvorsichtig, Herr van Bett!
Iwanow (zum Lord):
    Ganz frei heraus, lieber Herr, ich dächte,
    Daß meine Sache man recht bald in Ordnung brächte,
    Auf daß ich könnte ruhig sein.
Lord: Sire, das liegt an Ihnen nur allein.
van Bett (für sich):
    Es ist ein Sire, das leuchtet mir jetzt ein.
Marquis (zum Zaren):
    Gestatten Majestät mir eine Frage?
Zar: Sehr gern.
Marquis: Was halten Sie von dem Vertrage?
Zar (zum Marquis):
    Zur Antwort, daß ich gern, ich will nicht leugnen,
    Bereit wär', den Traktat zu unterzeichnen,
    Wenn ausgedehnte Vollmacht Ihnen ward.
Marquis (übergibt eine Schrift):
    Hier der Beleg, daß nichts daran gespart.
Lord (der währenddessen mit Iwanow gesprochen, freudig
    zu van Bett): Ich rücke näher schon dem Ziel.
van Bett: So schnell? Ei, das ist wirklich viel.
Lord: Sehr viel.
van Bett: Entsetzlich viel! *(Leise zum Lord.)*
    Doch sagen Sie mir nur mit einem Worte,
    Sie nannten diesen Mann ja Majestät –
Lord: Nun freilich.
van Bett: Was ist's denn für 'ne Sorte
    Von Majestät?
Lord: St!
van Bett: St! Ich bin ganz Ohr.
    (Beiseite.) 's ist nicht richtig, alle beide
    Kommen mir verdächtig vor.

Kommentare hat auch van Betts Ausruf »Das ist ein Demagoge!« hervorgerufen. Das war ein damals (und auch später) übliches Schlagwort, mit dem die Konservativen vieler Zeiten jede Anprangerung sozialer Mißstände diskreditieren wollten: Wer immer eine Kritik am herrschenden System anbrachte, wurde als »Demagoge« abgestempelt, was dem Aufwiegeln zu Aufstand und Revolution schon recht nahe kam. Lortzing verwendet dieses Wort hier zweifellos, um eine solche »Beschuldigung« lächerlich zu machen, vor allem aber um beim einfachen Publikum durch seine Aktualität Lachen hervorzurufen. Darum legt er es dem notorischen Dummkopf des Stückes – van Bett – in den Mund, der stets die unsinnigsten Urteile fällt.
Ob hier eine tiefere Absicht zugrunde liegt, bleibe dahingestellt. Daß Lortzing zu den freiheitlichen Denkern seiner Zeit gehörte – es war »Vormärz«, und überall kündigten sich die revolutionären Strömungen an, die 1848 zum gesamteuropäischen Ausbruch sozialer Unruhen und liberaler Wünsche

Alle: Unsre Absicht zu erreichen,
    Laßt uns schlau zu Werke gehn;
    Denn auch nicht das kleinste Zeichen
    Deute, daß wir uns verstehn.
    Darum leise und mit Vorsicht
    Werde jeder Schritt getan:
    Nur auf solche Weise gelinget der Plan.
van Bett: Man möchte gleich des Teufels werden,
    Wenn man nie etwas erfährt.
Zar (zum Marquis): Den Entwurf nun aufzusetzen,
    Sehn Sie ernstlich mich bereit. *(Er schreibt.)*
Iwanow (zum Lord):
    Nur über eines bin ich nicht im klaren,
    Drohn mir denn künftig auch wirklich nicht mehr Ge-
    fahren?
    Sie sagten vorhin, man forsche noch nach mir.
Lord: Darüber kann ich ganz genau berichten, Sire;
    Die Herren Gesandten fremder Mächte, sie trachten
    Sich Ihrer zu bemächt'gen *(leise)* in Person.
              (Sie sprechen weiter.)
van Bett (beiseite):
    Sich seiner zu bemächt'gen, alle Wetter!
    Das ist ein Demagoge, soviel merk ich schon.
    Dann kann er doch auch nicht von hoher Abkunft
    stammen,
    Denn Prinz und Demagoge, das paßt doch nicht zu-
    sammen.
    Lauter Wirrwarr, keine Klarheit!
    Lauter Lügen, keine Wahrheit!
Iwanow (zum Lord):
    Das eine nur, mein Herr, bemerk ich Ihnen:
    Nicht hab ich Lust, ferner noch zu dienen.
Lord: Ha, ich versteh, Neutralität ist Ihnen lieber.
Iwanow (bejahend): Neutralität.
van Bett: Neutralität, da geht nichts drüber.
Zar: Hier mein Entwurf, lesen Sie, Marquis.

führten –, ist in unserem Buch an anderer Stelle auseinander-gesetzt. Trotzdem ginge es wohl zu weit, ihm andere als rein künstlerische Tendenzen in seinem Bühnenschaffen nachzu-sagen.

Gutgelaunt, ja fröhlich geht das Sextett zu Ende, wobei am Schluß nochmals die dynamischen Wirkungen wiederholt werden, die wir besprachen: plötzliche Pianissimi – nachdem gewissermaßen ein lauter Ton herausgerutscht war – und rhythmischer Gleichklang, was auf Übereinstimmung aller schließen ließe, wovon natürlich keine Rede sein kann. Da der Zuhörer das weiß, sich also zumindest über zwei Personen lustig machen kann (van Bett, der englische Gesandte), wird die hier aufgekommene echte Buffa-Stimmung auf einen Höhepunkt gebracht. In diesem Sextett erweist sich Lortzing auch als durchaus nicht unwürdiger deutscher Gegenpol zu einem großen, ihm vielleicht unbewußten Vorbild: Rossini.

Lord (leise zu van Bett):
    Ich bin am Ziel. Um eins noch bitt ich Sie,
    Mir ferner beizustehn, wie es geschah bisher.
van Bett: Versteht sich, die seltne Ehr' –
Lord: Fortan sei Ihre erste Pflicht,
    Streng zu verhüten, daß ihn jemand spricht,
    Vorzüglich niemand Fremdes! Sie verstehn mich doch?
van Bett: Ist's Ihnen recht, so steck ich ihn sogleich ins Loch.
Lord: Herr, sind Sie toll? Was reden Sie für Zeug? –
    Die tiefste Ehrfurcht –
van Bett: Das dacht' ich mir gleich.
Zar: Nun, Marquis, sind Sie zufrieden?
Marquis (der gelesen hat):
    Welch glücklich Los ward mir beschieden,
    Daß zum Vermittler mich mein König auserkor.
Zar (steht auf, die andern beiden mit ihm):
    Unsre Ansicht?
Marquis: Ist nur eine.
          (Sie reichen sich die Hände.)
Iwanow (steht auf, die andern mit ihm.)
    Ihre Ansicht ist die meine.
van Bett (für sich): »Ihre Ansicht ist die meine.«
    's ist nicht richtig, alle beide
    Kommen mir verdächtig vor.
Alle: Unsre Absicht zu erreichen,
    Laßt uns schlau zu Werke gehn;
    Denn auch nicht das kleinste Zeichen
    Deute, daß wir uns verstehn.
    Darum leise und mit Vorsicht
    Werde jeder Schritt getan:
    Nur auf solche Weise gelinget der Plan.
(Lefort geht auf einen Wink des Zaren ab.)

Nun geht es wiederum mit Prosa weiter, einer recht lustigen Prosa übrigens, wie sie überhaupt weite Strecken des Textes ausmacht.

ACHTER AUFTRITT
Die Vorigen. Meisterin Browe. Marie.
*Vor Anfang des Sextetts hatte sich ein Teil der Anwesenden
teils entfernt, teils ganz in den Hintergrund gezogen. Alles tritt
nun wieder vor.*

Meisterin Browe: Hierher die Musik! Sind die Tische noch
nicht beiseite? Angepackt, junge Burschen! Frisch,
munter, der Tanz geht los.

Marquis (fröhlich): So ist's recht, lustig muß man sein.
Das ist der schönste Tag meines Lebens. *(Er stößt
auf den Lord.)* Was seh ich?

Lord: Das ist Marquis von Chateauneuf.

Marquis: Sie sind's, Mylord? Wozu diese Verkleidung?

Lord: Wie kommen Sie in diesem Gewande in die Schenke?

Marquis (leise): St! Ein verliebtes Abenteuer, verraten
Sie mich nicht.

Lord: Da geht's Ihnen wie mir, ich bin auch verliebt.

Marquis (für sich): Der sucht, was ich bereits gefunden.

Lord (für sich): Der gute Marquis kommt etwas zu spät.

Einige (rufen): Zum Tanz!

Andere: Das Brautlied! Das Brautlied!

van Bett: Ruhe! Nicht so gelärmt, wenn Personen von
hohem Range anwesend sind.

Einige (unter sich): Was sagt er? Wie ist das?

Lord (leise): Aber Herr Bürgermeister –

van Bett: Verstehe! *(Laut.)* Ich wollte sagen, wenn ich
anwesend bin.

Die Gäste (unter sich): Ach so, wenn's weiter nichts ist.

van Bett: Frau Browe, ich glaube, das Volk räsoniert.

Meisterin Browe: I behüte, sie meinen nur, aus Ihnen mach-
ten sie sich nichts.

van Bett: Das kann ich den Leuten nicht verdenken, besonders wenn ihrer so viele beieinander sind. – Näher,
liebe Leute, geniert euch meinetwegen gar nicht.
Tanzt und singt! Wo ist denn meine – *(Erblickt Marie,
die sich unter der Menge versteckt hält.)* – Ah, sieh
da, unsere teure Nichte.

Marie, von allen Seiten zum Vortrag des »Brautliedes« gedrängt, stimmt eine graziöse, liebliche Melodie an, deren erste Phrase – die wiederholt wird – deutlich einen »fremdländischen« Einschlag aufweist:

(23)

Lortzing hat sie, gerade so wie früher die »flandrische« oder »flämische« Chateauneufs, selbst als »russische« bezeichnet. Tatsächlich ist der Mollcharakter mit der aufsteigenden Fünftonreihe sowie die Art der Kadenzierung slawisch »gefärbt«. Natürlich gibt es – 1837! – keine genaue Übernahme folkloristischen Gutes, wie es später im Naturalismus vorkommen kann. Es sind Anklänge, mehr nicht, keine Zitate. Warum der französische Gesandte ein flandrisches, ein holländisches

Marie: Mein Gott, ich suche Sie überall –

van Bett: Freut mich, daß du da bist. *(Beiseite.)* Jetzt kann
   ich ihr allenfalls erlauben, hierzubleiben, denn – ist
   er ein Prinz, so kann man nicht wissen –

Marie: Sie erlauben mir also, hierzubleiben?

van Bett: I, was werde ich nicht. Es sind ja *(auf Iwanow
   deutend)* Personen gegenwärtig, denen deine Gegenwart vielleicht nicht ganz unangenehm ist. *(Für sich.)*
   Aha, die Majestät schmunzelt. Oh, es ist doch etwas
   Einziges um ein majestätisches Schmunzeln.

Alle: Das Lied! Das Lied!

van Bett: Singe, mein Kind, befriedige die zarten Gemüter.
   *(Marie steht in der Mitte; auf der einen Seite der Zar und der
   Marquis, auf der andern der Lord und van Bett, welche sich
   bemühen, Iwanow ins Gespräch zu ziehen, dieser ist aber nur
   mit Marie beschäftigt.)*

Nr. 11 Brautlied mit Chor
(Während des Ritornells wird getanzt.)

Marie: Lieblich röten sich die Wangen
   Einer Jungfrau hold und schön;
   Ihre Brust schwellt süßes Bangen,
   Sieht ihr Aug' den Jüngling stehn.
   Naht er ihr mit Liebesscherz,
   Weiß sich's Mädchen nicht zu fassen;
   Möcht ihn lieben, möcht ihn hassen.
   Was bedeutet das, mein Herz?
   Jungfrau, solche zarten Triebe
   Künden die erwachte Liebe!
   Darum hütet eure Herzen,
   Mit der Liebe gilt kein Scherzen.

Chor: Darum hütet eure Herzen,
   Mit der Liebe gilt kein Scherzen.

Marie: Doch dein Herz ist schon getroffen:
   Beim Geliebten ist dein Glück,
   Und dein Sehnen und dein Hoffen
   Strahlt sein Auge dir zurück.

Mädchen ein russisches Lied singen, kann nur vermutet werden, ist aber kaum bedeutungsvoll: Jeder der beiden huldigt damit einer ihm nahestehenden oder verehrten Person: Chateauneuf Marie, und diese ihrem Peter Iwanow.

Zu wiederholen wäre hier, daß Lortzings Interesse und Kenntnis im Bereich fremdländischer Volksmusik auffällt. Ist es nur ein Zug der Zeit oder seine persönliche Neigung dazu?

(gesprochener Text)
Die idyllische Szene spitzt sich mit dem Eintritt eines von Soldaten gefolgten Offiziers schnell zu. Noch beginnt es komisch, da van Bett sich wie gewöhnlich ungeschickt und lächerlich benimmt. Dann wird die Lage für den Zaren doch bedenklich, da er seine Entdeckung befürchten muß.

Mägdlein ruft: Wer rettet mich?
Mädchen, bald sollst befreiet du dich sehen.
Wirst du zum Altare gehen,
Legt dein Harm sich sicherlich.
Jungfrau war nicht mehr zu retten,
Seufzt nun in der Ehe Ketten.
Alle Mägdlein, trotz der Klagen,
Müssen solche Fesseln tragen.
Chor: Alle Mägdlein[1]), trotz der Klagen,
Müssen solche Fesseln tragen.
(Nach dem Lied Lärm von außen.)

NEUNTER AUFTRITT
Die Vorigen. Lefort kommt von hinten, später Meisterin Browe.
Lefort (eilig zum Zaren): Der Kurier von Moskau ist da.
Die Empörung ist allgemein.
Zar (heftig): Tod und Hölle. Es ist die höchste Zeit. Fort nach Moskau!
Meisterin Browe (bestürzt): Mein Gott, was soll das bedeuten! Das ganze Haus ist von Soldaten umringt.
Alle: Soldaten?
van Bett: Wer untersteht sich –
Meisterin Browe: Da kommen sie schon. *(Sie tritt zurück.)*
Zar: Verdammt, wie nun entkommen?

ZEHNTER AUFTRITT
Die Vorigen. Ein Offizier mit Wachen.
van Bett (ihm entgegen): Herr, wie können Sie sich unterfangen, ohne mein Vorwissen –
Offizier: Ich habe meine Verhaltungsbefehle, denen ich folgen muß.
van Bett (beruhigt): Das ist etwas anderes. Wenn Sie Verhaltungsbefehle haben –

---

[1]) TV: Hier auch »Mädchen«.

(gesprochener Text)

Offizier: Sie sind der Bürgermeister von Saardam?

van Bett: Der bin ich. *(Zu den andern.)* Ja, wenn er Verhaltungsbefehle hat –

Offizier: Dem Rate[1]) von Amsterdam wurde angezeigt, daß seit einigen Monaten auf den Schiffswerften von Holland sich Fremde einfinden und eine große Anzahl von Arbeitern weglocken; sie haben beschlossen, dieser Falschwerberei Einhalt zu tun.

Lefort (leise): Das geht auf uns.

Zar (ebenso): Still!

van Bett: Sag ich's doch! Die Bürgermeister von Holland verstehen alle nichts. Ich stehe dafür, daß zu Saardam –

Offizier: Eben zu Saardam haben die meisten Abwerbungen[2]) stattgefunden.

van Bett: Hab ich's nicht gedacht? Und kein Mensch macht mir eine Anzeige davon.

Offizier: Nach dem Beschlusse der Herren soll jeder Fremde, der sich nicht hinlänglich legitimieren kann, verhaftet werden.

van Bett: Verhaftet und eingesperrt. Meine Maxime[3])!

Iwanow: Ich bin verloren.

Zar: Das Abenteuer wird lustig.

van Bett: Halt, ich hab's! Seit heute morgen hab ich schon Verdacht. *(Er sieht sich um.)* Wir sind von Staatsverrätern umgeben.

Alle (erschrocken): Staatsverräter?

Zar, Marquis, Lefort: Verwünscht!

Iwanow: O weh!

van Bett: Gleich sollt ihr euch überzeugen.

[1]) TV: Für »Dem Rate« steht »Den Herren«.
[2]) TV: Statt »Abwerbungen« »Anwerbungen«.
[3]) TV: Auch »Maximen«.

Das Finale des zweiten Akts setzt ein. Man muß es wiederum als meisterlich bezeichnen, denn Lortzing versteht es glänzend, es zwischen »großer Staatsaktion« und – durch die Dummheit des Bürgermeisters bedingter – Lustspieloper zu halten.
Natürlich wird van Bett es sein, der die gefährlichen Fremden entlarvt, das ist sein Amt, vor allem aber seine besondere Fähigkeit, denn . . . er ist klug und weise, und ihn betrügt man nicht . . .

Doch gleich seine erste »Amtshandlung« führt zur Blamage. Der im überheblichen Behördenton angesprochene Chateauneuf entpuppt sich als Gesandter von Frankreich, was unter den Anwesenden – und nun sind alle Mitwirkenden, Solisten wie Chor, auf der Bühne – kein geringes Staunen hervorruft.

Van Bett tut, als habe er dessen Sitznachbarn gemeint, der nun von ihm in recht respektloser Weise zur Identifikation aufgefordert wird. Die Antwort läßt nicht auf sich warten und versetzt van Bett in noch größere Verwirrung:

Lefort

Ge - sand - ter des Kai - sers al - ler Reu - -

(Fortsetzung des Notenbeispiels S. 124)

Nr. 12 Finale

Schon seit geraumer Zeit bemerk ich hier Gesichter,
Die mir ganz unbekannt;
Und die gehören sicherlich zu dem Gelichter,
Das man soeben mir genannt.
Mir wird es sicherlich gelingen,
Zum Geständnis sie zu bringen.
Sondieren werde ich ganz leise.
Daß ohn' Erlaubnis keiner spricht!
O ich bin klug und weise,
Und mich betrügt man nicht.

Alle: Was will er tun, wen will er zwingen?
Wen will er zum Geständnis bringen?
Schlauheit ist sonst seine Sache nicht.

van Bett: Hier von diesen beiden Laffen
Hab ich einen ausersehn.
(Zum Marquis.)
He, was hast du hier zu schaffen?
Wirst du gleich es mir gestehn?

Marquis: Gesandter des Königs von Frankreich und Navarra,
Marquis von Chateauneuf nennt man mich.

van Bett: O weh! Was hab ich da getan!
Da kam ich gleich beim ersten übel an.

Chor, Marie, Meisterin Browe, Iwanow (verwundert):
Ein Gesandter! Ein Gesandter von Frankreich?

van Bett (ärgerlich zum Chor):
Von Frankreich, von England, von Spanien, von
Schottland,
Das bleibt sich gleich.
Habt Respekt, das rat ich euch. *(Zum Marquis.)*
Vergebung Euer Gnaden, denn ich irrte mich;
Den an Ihrer Seite, den meinte ich.
(Zu Lefort.) Antworte mir, wer bist du? Sprich!

Lefort: Gesandter des Kaisers aller Reußen,
General[1]) Lefort nennt man mich.

---

[1]) TV: Anstelle von »General« auch »Admiral«.

(24)

Auch beim dritten Fremden, den er befragt, wobei er noch einmal ganz »Autorität« spielt, kommt van Bett übel an: Es ist der Gesandte Englands.

van Bett: O Donnerwetter! Was soll das sein?
  Das begreife ein andrer als ich.
Chor: Zwei Gesandte! Was soll das heißen?
  Zwei Gesandte in der Schenke, wie wunderlich!
van Bett (zu Lefort): Verzeihung, erhabner Admiral[1])!
  Wie kann der Mensch sich irren,
  s'ist wahrhaftig ein Skandal!
Soli und Chor: Der Spaß fängt an uns zu belust'gen.
  Laß[2]) doch sehn, wie weit er's treibt,
  Ob er beim Examinieren bleibt.

van Bett (erblickt den Lord, beiseite):
  Halt! Jetzt hab ich's, der muß es sein,
  Der mir die Pfunde zugedacht
  Und noch kein Lot mir hat gebracht;[3])
  Der mich so frech belogen,
  Unterhandlungen gepflogen
  Hier bei trautem Rendezvous.

[1]) TV: Ebenfalls »General«.
[2]) TV: Hier auch »Lasst«.
[3]) TV: Dieser Vers lautet: »und mir sie noch nicht hat gebracht«.

Längst spotten Volk und (vorläufig) Unbeteiligte des tölpelhaften Bürgermeisters, indem sie seine eigene Phrase zitieren: »O, er ist klug und weise . . .« Doch der ist in seinem Amtseifer nicht mehr zu bremsen: Da sind ja noch die beiden Russen, mit denen er von Anfang an nichts anzufangen wußte. Vergebens legen sich Marie und die Witwe Browe ins Mittel, protestieren Iwanow und Michailow. Es entsteht ein großer, vom Chor mit lautem Ausbruch kommentierter Tumult. Doch van Bett läßt nicht locker.

    Heraus mit der Sprache! Wer bist du?
    Bei Eurem Kopf, die Wahrheit gesteht!
Lord: Gesandter der brit'schen Majestät,
    Lord Syndham werde ich genannt.
van Bett: Das ist zu toll, ich verliere den Verstand;
    Wohin ich mich auch wende hier in dem Kreise,
    Erblicke ich ein hochgebor'n Gesicht!
Soli und Chor: O er ist klug und weise,
    Und ihn betrügt man nicht.
van Bett: Stille, nicht Allotria getrieben!
    Wird mein Ansehn so geehrt?
    Wo bin ich doch gleich stehngeblieben?
    Ja so, nun weiß ich's. Ihr Leute, hört!
    Von denen hier sich nichts ermitteln läßt,
    Drum hört mich an, was ich ersann!
    (Auf den Zaren und Iwanow deutend.)
    Gleich packt mir die zwei Burschen fest.
Zar und Iwanow: Wen, mich?
    Was fällt Euch ein?
Marie und Meisterin Browe:
    Nun geht's von vorne wieder an!
Chor: Was haben die ihm denn getan?
          (Sie wollen auf beide los.)
van Bett: Wollt ihr nicht auch Gesandte sein?
Meisterin Browe: Herr Bürgermeister –
van Bett: Laßt mich gewähren!
Marie: Liebster Oheim –
van Bett: Ich will nichts hören!
Zar: Ihr wollt es wagen?
van Bett: Packt ihn, ihr Leute!
Iwanow: Laßt Euch doch sagen –
van Bett: Sie[1]) alle beide!
Marie: Aber so hört mich doch nur an,
    Was hat Euch Iwanow getan?

---

[1]) TV: Auch: »Die alle beide!«

Als er Iwanow verhaften lassen will, legt sich der englische Gesandte ins Zeug, der diesen ja für den Zaren hält. Und als der Bürgermeister sich an Michailow wendet, rät ihm der französische Gesandte schnell und leise ab: es sei der Zar!

Van Bett bricht in Toben aus, verhöhnt Chateauneuf und will nun alle einsperren lassen:

(Fortsetzung des Notenbeispiels S. 130)

van Bett: Geh mir, Mädchen, schnell aus dem Gesicht,
   Misch dich in Staatsgeschäfte nicht.
Chor: Er ist fürwahr im Kopfe toll!
   Er weiß nicht, wen von allen er einsperren soll.
   Und widerstrebt man ihm, braucht er Gewalt.
Die übrigen: Fürwahr, er ist im Kopfe toll!
   Er weiß nicht, wen er fangen soll,
   Und widerstrebt man ihm, braucht er Gewalt.
van Bett: Ich werde wahrlich noch im Kopfe toll!
   Und einer ist es, den ich fangen soll,
   Und braucht man Widerstand, brauch ich Gewalt.
   Ihr alle räumt nun diesen Ort!
   Ihr schleppt mir diese beiden fort!
           (Man will Iwanow fassen.)
Lord (schnell und leise zu van Bett):
   Herr, wissen Sie auch, was Sie wagen?
   Das ist der Zar.
van Bett: Nicht möglich!
   (Auf den Zaren zeigend.) Dann packt mir diesen.
Marquis (schnell und leise):
   Herr Bürgermeister, wissen Sie, was Sie wagen?
   Das ist der Zar.
van Bett: Ach, was Sie sagen!
   Sehr klug, sehr pfiffig, sehr schlau, sehr fein!
   Nun wollen alle wieder Zare sein.
   Abgetan, man will mich hier vexieren,
   Ich lasse alles arretieren,

(25)

Nun bricht aber der Zar in Wut aus. Lortzing zeigt hier, daß er in ihm doch nicht nur eine Lustspiel-, eine Spielopernfigur sieht. Szene und Musik wenden sich blitzschnell ins Dramatische.

Hochaufgerichtet steht der Zar und bedroht jeden, der sich ihm zu nahen wagte. Die gewaltige Erregung bemächtigt sich aller. Zwar singen nach Spielopernmanier alle im gleichen Rhythmus, aber Lortzing weiß der Szene doch eine zunehmende Spannung zu geben, ja, mit einer Stretta – sich steigerndem Tempo und wachsender Dynamik – führt er sie bis nahe an eine »grande opéra«, eine dramatische Oper heran –, um aber im letzten Augenblick des Aktes doch wieder in die komische Oper zurückzubiegen: Der Zar stülpt dem ihn angreifenden Bürgermeister inmitten des allgemeinen Wirrwarrs einen Tisch über den Kopf.

Im Nu ist die »staatspolitische« Spannung verflogen, das Ganze wird zur Wirtshausrauferei mit überaus komischem Einschlag –, und plötzlich paßt die Musik ebenso gut zu dieser wie zur vorhergehenden Dramatik. Die Stretta steigert sich

Gesandte – Zare – Wirte – Gäste,
Alles sperrt ein, so ist's das beste.

Zar (wütend): Ha, wag es, mir zu nahn, wer noch Lust
am Leben hat!
Marie und Iwanow:

Seinem Zorn $\left\{ \begin{matrix} \text{sich} \\ \text{mich} \end{matrix} \right\}$ widersetzen,

$\left. \begin{matrix} \text{Sei du nimmermehr} \\ \text{Siehst du nimmer mich} \end{matrix} \right\}$ bereit.

Marquis, Lefort und Lord:
Ha, er will sich widersetzen, es kommt noch zu blut'gem
Streit!
van Bett: Was, du willst dich widersetzen? Diese Kühnheit
geht zu weit!
Chor und Meisterin Browe: Ha, er will sich widersetzen,
es setzt sicherlich noch Streit.
Zar: Meine Langmut ist zu Ende, und es wendet sich das
Blatt.

noch um einen Grad mehr und wirkt dann beinahe wie die Parodie auf die »große« Oper: im raschesten Zeitmaß (Presto) jagt der Akt seinem Ende zu.

Marie und Iwanow:

Denn was $\begin{Bmatrix} \text{könntest du} \\ \text{könnte ich} \end{Bmatrix}$ gewinnen,

Führte es zu blut'gem Streit?

Marquis, Lefort und Lord: Seine Kühnheit zu bestrafen,
  sehen wir ihn schon bereit.

van Bett: Deine Frevel zu bestrafen, bin als Richter ich
  bereit.

Chor und Meisterin Browe:
  Und gefangen ihn zu sehen, wäre doch uns allen leid.

Marie und Iwanow:
  Nein, du darfst dich nicht $\Big\}$ entschließen
  Nimmer werd ich mich
  Ohne Not Blut zu vergießen.

Meisterin Browe, Lefort und Lord:
  Seinem Zorne nach zu schließen,
  Kommt es noch zu Blutvergießen.

Marquis: Wenn wir ihn gewähren ließen,
  Würde er bald Blut vergießen.

Zar: In dem Staub zu meinen Füßen
  Sollst du dein Vergehen büßen.

van Bett: Soviel darf getrost ich sagen,
  Solche Keckheit zu ertragen,
  Müßt' ich mehr als Schwachkopf sein.

Marie und Iwanow:

Davor soll $\begin{Bmatrix} \text{dich} \\ \text{mich} \end{Bmatrix}$ Gott bewahren,

Denn es hieße viel gewagt.

Marquis, Lefort und Lord:
  Doch davor ihn zu bewahren,
  Werde alles gern gewagt.

Zar: Und zu spät wirst du erfahren,
  Was, Verwegner, du gewagt.

Chor und Meisterin Browe:
  Könnten wir doch nur erfahren,
  Weshalb er so vieles wagt.

van Bett: Wagt ihr hier noch ein Wort,
  Sperr ich euch alle ein!
Lord, Lefort und Chor:
  Wagt man hier noch ein Wort,
  Sperrt er uns alle ein!
Marie, Meisterin Browe und Iwanow:
  Keine Silbe mehr zu wagen,
  Wird das beste nun wohl sein!
Marquis: Sein Geheimnis wird er wahren,
  Den Gefahren nun sich weihn.
Zar: Mein Geheimnis werd ich wahren,
  Doch die Kühnheit nicht verzeihn.
Marie, Iwanow, Lefort, Lord Meisterin Browe und Chor:
  Eilig uns fort von hier jetzt zu tragen,
  Wird wohl das beste sein.
Marquis: Seinen Zorn zu ertragen,
  Wird wohl das beste sein.
Zar: Wagst du nur noch ein Wort jetzt zu sagen,
  Büßt du dein Leben ein.
van Bett: Solchen Hohn zu ertragen,
  Müßt' ich ein Schwachkopf sein.
(Gegen Ende geht der Bürgermeister auf den Zaren los, dieser schleudert ihn zurück, worauf sich van Bett unter einem Tische verkriecht; der Zar ergreift einen Stuhl und schlägt auf den Tisch, die Platte springt herunter und van Bett läuft mit dem Tisch als Halskragen durch die Menge, die ebenfalls handgemein wurde. Die Männer ergreifen Stühle und Bänke; die Weiber rennen durcheinander, die Soldaten verteidigen sich mit den Kolben, und unter allgemeiner Bewegung fällt der Vorhang.)

Mit einer echten Lustspielmusik setzt der dritte Akt ein. Ein Orchestervorspiel verbreitet Fröhlichkeit, nachdem erste wuchtige Unisono-Schläge sich motivisch schon auf die kommende Szene – den Beginn der Kantate »Heil sei dem Tag...« – bezogen haben. Schnell vorbeihuschende Streicherfiguren, ab und zu mit Bläsern verstärkt, schaffen ein Bild von der wiedergekehrten guten Laune, die in Saardam nach den tumultuösen Ereignissen des vorangegangenen zweiten Aktes nun wieder herrscht, aber auch von der Geschäftigkeit, die der unbezahlbare Bürgermeister van Bett nun entfalten wird, um alle seine Mißgriffe und Ungeschicklichkeiten in einen großen Triumph zu verwandeln.

Und nun die berühmteste und weitaus komischste Szene des Werkes:

Van Bett entwickelt vor dem zusammenströmenden Chor seine Absicht, den »hohen Herrscher würdig zu empfangen« und zu diesem Zweck mit der Dorfbevölkerung eine salbungsvolle Kantate einzustudieren. Daß er sich in der Person des »hohen Herrschers« immer noch irrt und Peter Iwanow statt Peter Michailow für den Zaren hält, tut seiner Begeisterung keinen Abbruch.

DRITTER AUFZUG
Große Halle im Stadthause zu Saardam
Den Hintergrund bildet ein durch einen Vorhang geschlosse-
ner großer Bogen.

ERSTER AUFTRITT
van Bett gravitätisch auftretend und sinnend rund um die
Halle schreitend; ihm dicht auf der Ferse folgt ein Ratsdiener,
welcher eine Menge Notenblätter trägt; dann treten junge
Mädchen und Burschen, ihn begrüßend, ein.

Nr. 13 Ensemble
van Bett (zum Chor):
     Den hohen Herrscher würdig zu empfangen,
     Beschied ich, meine Freunde, euch allesamt hierher.
     Es sollen Worte ihm zum Ohr gelangen,
     Wie er auf dieser Welt vernimmt sie nimmermehr.
     Worte voll Salbung, voll Demut und Moral,
     Und Schmeicheleien ohne Zahl.
Chor: Laßt doch hören, laßt doch hören!
     Alle sind wir gern bereit,
     Einen Kaiser hoch zu ehren,
     Der uns seine Liebe weiht.
     Doch wir möchten gerne wissen,
     Wer der große Herrscher ist,
     Wenn wir ihn empfangen müssen,
     Sprecht, wie heißt er?
van Bett: Nun so wißt: 's ist der Kaiser aller Reußen.
Chor: Aller Reußen?
van Bett: Oder Russen, wie ihr wollt.
     Peter Iwanow hat er geheißen,
     Dem man jetzt so hohe Ehre zollt.
Chor: Iwanow, der Zimmermann?
van Bett: Das war sein Privatvergnügen;
     Höhern Pflichten zu genügen,
     Er den schlauen Plan ersann.

Und damit beginnt die Probe. Die Noten werden verteilt. Van Bett leitet das Ganze mit salbungsvollen Worten ein, bekennt sich als Autor der »schönen« Worte, zu denen sein Freund, der Kantor, eine »zarte Melodei« geschaffen habe. Van Betts Rede gleitet immer mehr ins Parodistische ab, die untermalenden Akkorde sind von starker Komik, gerade dadurch, daß sie ernst sein wollen. (Große Musiker, wie etwa Hans Pfitzner, haben die gesamte Szene als unumstößlichen Beweis für das komische Talent, ja Genie Lortzings gewertet und verkündet.) Van Bett ist ganz in seinem Fahrwasser: Bürgermeister, »Poet« (die unbeschreibliche Plattheit und Dummheit des »Kantatentextes« ist sein »Werk«), Vorsänger, Dirigent, und das alles in unüberbietbarer Eitelkeit, die aus jeder Note spricht.

In feierlichem Tone setzt er (in Des-Dur, einer bewußt »weihevollen« Tonart) ein:

van Bett

Nehmt die No-ten, und Ruhe dann, nehmt die Noten, und Ru-he dann! Jetzt fang ich mein So-lo an, jetzt fang

(Fortsetzung des Notenbeispiels S. 140)

Lasset ohne Zeitverlieren
Die Kantate uns probieren,
Die zu anderm Zwecke zwar verfaßt,
Sich jedoch hierher grad' paßt.

Chor: Her die Noten!

van Bett: Nur Geduld!
Die Worte sind von mir verfaßt,
In einer schönen Stunde;
Doch bin ich nur Poet, nicht Musiker, aus diesem Grunde
Erfand mein Freund, der Kantor, mir, auf daß es wirksam sei,
Zu diesen schönen Worten eine zarte Melodei.
Den Solosang werd ich mit Kraft und Grazie vollführen.
Ihr sollt den Chor mit Präzision riskieren!
Da in der Kirche ihr perfekt von Noten singt,
So ist es ganz natürlich, daß es hier euch auch gelingt.

Chor: Her die Noten, Ihr sollt sehen,
Daß wir uns darauf verstehen.

(Ratsdiener verteilt die Noten und stellt alle in einem Halbkreis auf).

van Bett: Nehmt die Noten!

Chor: Mir her! *(Sie greifen danach.)*

van Bett: Und Ruhe dann.

Chor: Mir her!

van Bett: Jetzt fang ich mein Solo an:

(26)

»Heil sei dem Tag, an welchem du bei uns erschienen.«
Dideldum. – Das ist das Zwischenspiel. –
»Es ist schon lange her,
Wir alle können uns nicht mehr darauf besinnen«,
Dideldum!
»Das freut uns um so mehr.
Aus vollem Herzen rufen wir: Heil uns, der Zar ist da!
Du bist ein großer Held! Vivat! Halleluja!«
O wie schön die Worte fließen.
Wie ein Bächlein über Wiesen;
Gar nicht schwülstig, ganz natürlich,
Und der Stilus so ausführlich.
Jeder Redesatz korrekt,
Das macht sicherlich Effekt.
Chor: Ja, wenn wir alle erst es wissen,
Macht es sicherlich Effekt.
van Bett: Aufgepaßt! Schärfet alle Aug und Ohr,
Denn noch einmal trage ich die Stelle vor.
Chor: Aufgepaßt! Schärfet alle Aug und Ohr,
Denn noch einmal trägt er jetzt die Stelle vor.
van Bett: Ruhe, schwatzt mir nicht soviel
Und habt acht aufs Zwischenspiel.
Chor: »Heil sei dem Tag, an welchem du bei uns erschienen,
Dideldum –«
van Bett (ihnen nachäffend):
Dideldum! – Dideldum ist kein Gesang;
Es ist, ich sagte es euch schon,
Nur Instrumentenreflexion.

*Es wimmelt in dieser Kantatenprobe von witzigen und geist-
reichen Einzelheiten. Vom »Dideldum« angefangen, das van
Bett vorsang und der Chor wiederholt, scharf zurechtgewie-
sen, daß dies nur die Andeutung des instrumentalen Zwi-
schenspiels sei, über die dauernde Tonartenverschiebung (da
der Chor in seiner Erregung oder Begeisterung stets um einen
Halbton höher einsetzt als erwartet: D-Dur, Es-Dur,*

(Fortsetzung des Notenbeispiels S. 144)

Chor: Aha! Es ist nur Reflexion.

van Bett: Hört mich an, es ist nicht schwer,
    Und dann schreit mir nicht so sehr.
    Reißt die Mäuler nicht so weit,
    Sonst wird's nichts in Ewigkeit.
    »Heil sei dem Tag, an welchem du –«

Chor: »Heil sei dem Tag –«

van Bett: Das ist zu hoch! Halt!

Chor: »Heil sei dem Tag –«

van Bett: Das ist zu tief – schweigt still! Ruhe!

Chor: »An welchem du bei uns erschienen.«

van Bett: Hört mich doch an!

Die Mädchen (unter sich zankend):
    Du hast gefehlt, ich war ganz recht.

van Bett: Halt't eure Mäuler!

Die Mädchen: Ich singe gut, du triffst so schlecht.

van Bett: Wollt ihr schweigen!

Chor: Ihr sollt jetzt entscheiden, wer von uns gefehlt.

Alle (umringen van Bett und schreien ihm in die Ohren):
    »Heil sei dem Tag, an welchem du bei uns erschienen!«

van Bett: Euer Singsang ist ein Graus.
    Statt daran sich zu ergötzen,
    Reißt der Zar sich vor Entsetzen
    Lieber alle Haare aus.

Die Mädchen: Besser wird es uns gelingen,
    Wenn wir ganz alleine singen,
    Denn wenn Ihr dazwischen schreit,
    Wird es nichts in Ewigkeit.

van Bett: Darin bin ich eurer Meinung,
    Jeder singe, wie er kann;
    Fanget ohne meine Leitung
    Noch einmal von vorne an.

Chor (der sich wieder im Halbkreis aufgestellt hat):
    »Heil sei dem Tag, an welchem du bei uns erschienen.«

van Bett: Jetzt tacet für den Chor.

Chor: »Es ist schon lange her.«

van Bett: Bravo!

Chor: »Wir alle können uns nicht mehr darauf besinnen.«

(27)

schließlich außer Rand und Band geraten auf dem hohen G, so daß dauernd Dissonanzen entstehen, die – in der schlichten Harmonik des damaligen Singspiels – geradezu aufreizend und umwerfend komisch klingen) bis zur steigenden, kunstvoll komponierten hochgestimmten Erwartung aller.

Sie klingt erst langsam in einem schwungvollen, aber wohl bewußt banalen Orchesternachspiel aus, kurz von einem Dialog van Betts mit dem eintretenden Zaren unterbrochen, den jener immer noch für einen frechen Spitzbuben hält, den er nach der bevorstehenden »Feierlichkeit« streng ins Verhör nehmen werde.

van Bett: St!

Chor: »Das freut uns um so mehr.

Aus vollem Herzen rufen wir:«

van Bett (soufflierend): Heil uns, der Zar –

Chor: »Heil uns, der Zar ist da.«

van Bett: Schön, schön!

Chor: »Du bist ein großer Held! Vivat! Halleluja.«

van Bett: O wie schön die Worte fließen.

Wie ein Bächlein über Wiesen.

Chor: Nun sprecht, wie haben wir gesungen,

Wie ist es uns gelungen,

Legen wir wohl Ehre ein?

van Bett: Köstlich habt ihr nun gesungen,

Endlich ist es euch gelungen.

Chor: So werdet Ihr zufrieden sein?

van Bett: So werde ich zufrieden sein!

Chor: So legen wir auch Ehre ein?

van Bett: So legt ihr große Ehre ein!

Chor: Wir legen Ehre ein, das wird 'ne Freude sein!

Endlich ist es uns gelungen, und wir legen damit Ehre ein.

van Bett: Wie so schön die Worte fließen, wie ein Bächlein hin;

Gar nicht schwülstig, ganz natürlich,

Und der Stilus so ausführlich.

Ja, wir legen Ehre ein.

Alle: »Du bist ein großer Held, vivat hoch!«

Das wird 'ne große Freude sein.

Wir legen Ehre ein.

(Alle wenden sich zum Gehen.)

ZWEITER AUFTRITT

Die Vorigen. Zar.

Zar: Was geht denn hier vor?

van Bett: Was Euch nichts angeht, Ihr kecker Gesell. Binnen kurzem wird aber zwischen uns beiden etwas vorgehen, was Euch gar sehr angeht.

(gesprochener Text)

Zar: Und das wäre?

van Bett: Sieh doch an, die liebe Unschuld, wie sie tut,
als wäre[1]) nichts vorgefallen. Ihr wißt doch, daß Ihr
mir einen Stoß versetzt habt?

Zar: Ich, Herr Bürgermeister?

van Bett: Habt Ihr mir einen Stoß versetzt oder nicht?

Zar: Ja, Herr Bürgermeister.

van Bett: Nun, das ist mir lieb –

Zar: 's ist gern geschehen.

van Bett: Ausreden lassen! Es ist mir lieb, daß Ihr es einge-
steht. Hätte der fremde[2]) Gesandte nicht für Euch
Kaution gestellt, so säßet Ihr in Ketten und Banden.
Verstanden? Jetzt habe ich die Feierlichkeit im
Kopf[3]), aber in einer Stunde werdet Ihr Euch einfin-
den,[4]) dann geht das Verhör los.

Zar: Aber ich wüßte nicht –[5])

van Bett: Ich sage Euch, das Verhör geht los, und wißt
Ihr, was ein Verhör zu bedeuten hat?

Zar: So halb und halb.

van Bett: Das ist mir lieb. Quousque tandem abutere, Cati-
lina, patientia nostra? Wißt Ihr, was das heißt?

Zar: Nein.

van Bett: Das heißt: Das Verhör geht los. Kommt, meine
Freunde!

Alle (indem sie abgehen):
»Du bist ein großer Held, vivat hoch!«
Wir legen Ehre ein.

---

[1]) TV: »gar« eingeschoben.
[2]) TV: Hier: »Herr Gesandte«.
[3]) TV: Auch »Kopfe«.
[4]) TV: »und« eingeschoben.
[5]) TV: Dieser Vers lautet: »Aber ich wüßte doch nicht –«.

Das kurze Gespräch mit dem Bürgermeister hat den Zaren in gute Laune versetzt. Diese wird nun auch im sehr hübschen Dialog mit Marie fühlbar.

DRITTER AUFTRITT
Zar allein.

Zar: Dummkopf! In einer Stunde kannst du dein Verhör
auf[1]) offener See halten.

VIERTER AUFTRITT
Zar. Marie.

Marie: Gut, daß ich Euch finde. Ihr spracht meinen Oheim;
hat er Euch gesagt, wie es mit Iwanow steht?

Zar: Soviel ich weiß, gut. Er ist auf freiem Fuße, wie ich.

Marie: Das wußte ich wohl; der eine Herr Gesandte hat
sich für euch beide verbürgt, aber wie steht es denn
weiter mit ihm?

Zar: Weiter? Soviel ich weiß, gut.

Marie: Seid nicht so wortkarg; sagt mir, ist er denn wirklich –?

Zar: Was?

Marie: Der Kaiser von Moskau?

Zar: Die Leute sagen es, und Ihr Oheim überhäuft ihn
mit Ehrenbezeigungen, also muß es doch wohl wahr
sein.

Marie (verzweifelt): Also doch! Und so auf einmal! Ach,
du lieber Himmel, was soll denn da aus mir werden?
Als Kaiser kann er mich doch nicht heiraten.

Zar: Möchten Sie nicht Kaiserin sein?

Marie: Je nun, es mag wohl so übel nicht sein, wenn man
sich gegenseitig recht liebhat; ich habe aber immer
gehört, bei den hohen Herren dauerte das nicht lange.
Und was hätte ich denn von einem Manne, der den
ganzen Tag regierte und sich gar nicht um mich be-
kümmerte.

Zar: Was wäre denn da zu tun?

Marie: Reden Sie ihm zu, daß er abdankt. Was hat er denn
davon? Viele Menschen, die ihm den Kopf warm
machen, viele Sorgen, Krieg das ganze Jahr, und
am Ende kommt doch nichts dabei heraus.

---

[1]) TV: Anstelle von »auf« steht »in«.

(gesprochener Text)

Zar: Wenn es aber das Wohl von vielen Tausenden gälte?

Marie (nach einer Pause): Das ist etwas anderes. Mich
freut es, wenn ich nur einen einzigen glücklich machen
kann, und auf ihn warten Tausende – ja dann muß
er folgen, aber, es wird mir das Herz brechen. *(Mit
Tränen.)* Ach, nun fühl ich erst, wie lieb ich ihn habe.
Aber wozu diese Mummerei? Warum kam er als
Zimmergeselle, um sich meine Liebe zu erwerben,
warum nicht gleich als Kaiser? Da wußte ich doch,
woran ich war.[1])

Zar: Verhältnisse wahrscheinlich. Jetzt ein ernstes Wort,
liebe Marie. – Ihr Glück liegt mir am Herzen, und
gelingt mein Plan, so führe ich Sie heute noch in Iwanows Arme.

Marie (erfreut): In des Kaisers Iwanows Arme?

Zar: Gleichviel ob Kaiser oder nicht, genug, ich bewirke
es, Sie werden seine Gattin.

Marie (freudig): Wär's möglich – Sie könnten – *(Plötzlich
ernst.)* Ach gehen Sie; Sie sind mir auch so ein Heimli-
cher, man weiß nie, was man aus Ihnen machen soll.

Zar: Mögen Sie mich halten, wofür Sie wollen – mein
Wort darauf, Iwanow wird Ihr Mann.

Marie (außer sich vor Freude): Wenn das wahr würde,
liebster Herr Michaelow, ich wollte Sie für den besten
Menschen auf der Welt, für einen Engel wollte ich
Sie halten. Aber täuschen Sie mich auch nicht? –
Nein, Sie haben sich uns stets so treulich genähert,
Ihr biederer Sinn, Ihr gutes Herz hat uns so oft bewiesen, wie gut Sie es mit uns meinen – nein, Sie täuschen
uns gewiß nicht, Sie haben zwei so ehrliche Augen.
Ach, wäre Iwanow nur da, daß ich ihm unser Glück
verkünden könnte! Meinen Oheim kriegen wir herum,
das ist Nebensache; und wenn ich erst gewiß wüßte,
daß Iwanow kein Kaiser ist, ich wollte vor Freude
jauchzen, daß man es bis übers Meer hörte.

Zar: Nur jetzt noch nicht.

---

[1]) TV: »und konnte mich danach einrichten« eingeschoben.

(gesprochener Text)

*Des Zaren und Maries Unterhaltung fließt natürlich und hu-
morvoll dahin. Sie enthält auch eine gute Dosis sympathischer
Menschlichkeit, die keineswegs unnatürlich wirkt, auch wenn
man sich Charakter und Stellung des Zaren vor Augen hält.
Marie läuft froh ab, der Zar bleibt nachdenklich zurück.*

Marie: Ich werde ganz leise jauchzen. – Noch eins: weiß
    Iwan schon?

Zar: Kein Wort. Er darf vor einer Stunde auch keine Silbe
    davon erfahren.

Marie: Vor einer Stunde? Aber wie hängt denn das eigent-
    lich zusammen?

Zar: Das soll Ihnen nach Verlauf einer Stunde alles klar-
    werden. Für jetzt müssen Sie ihn als Kaiser behandeln,
    öffentlich wie unter vier Augen, das bedinge ich.

Marie: Oh, ich werde nichts verraten. Wenn ich ihm begeg-
    ne,[1]) werde ich sprechen: Haben Euer Majestät gut
    geschlafen, oder haben Euer Majestät heute viel
    zu regieren, kann ich helfen? Und wenn er mich dann
    staunend ansieht, dann werfe ich ihm[2]) einen Blick
    zu, so einen gewissen, den versteht er recht gut, und
    versteht er ihn nicht, so sage ich ihm –

Zar: St! Kein Wort!

Marie: Kein Wort, ich tue nur, als ob ich etwas sagte; aber
    wenn alles vorbei, wenn unser Glück entschieden
    ist[3]), dann wird ihm gehörig der Text gelesen, weil
    er mich so geängstigt hat. Lebt wohl, lieber, lieber
    Michaelow, mögt Ihr nun sein, wer Ihr wollt, ich be-
    trachte Euch als unsern Schutzgott! *(Herzlich.)* Für
    jetzt kann ich Euch nichts weiter bieten, als den Dank
    eines armen Mädchens, dessen Lebensglück Ihr grün-
    den wollt, *(heiter)* für die Zukunft sollt Ihr ein Glied
    unserer Familie sein. Bei der Verlobung, bei der Trau-
    ung, bei der Hochzeit, bei – bei allem, was vorfällt,
    sollt Ihr der erste sein. *(Rasch ab.)*

---

[1]) TV: »so« eingefügt.
[2]) TV: »so« eingeschoben.
[3]) TV: »ist« fehlt.

Lortzing bereitet für ihn ein sehr berühmt gewordenes Lied vor und läßt ihn zu dessen Vorbereitung einen überleitenden Satz sagen, der vielleicht ein klein wenig gewaltsam den Übergang in die sentimentale Stimmung des Zarenliedes bildet.

Dieses selbst ist angefochten und bezweifelt worden. Angefochten, weil man es (besonders für einen Zaren von solcher Persönlichkeit) »kitschig« gefunden hat; bezweifelt, weil sogar einige Zeit hindurch Lortzings Autorschaft an diesem Liede angezweifelt wurde.

Die Zweifel sind längst behoben, seit ein Gespräch Lortzings mit dem Musiker Johann Christian Lobe bekannt wurde, in dem der Komponist dieses Lied mit dem Argument verteidigte, jeder Mensch, auch der »verstockteste Bösewicht«, hätte einmal eine »weiche, wehmütige Stunde«, warum also nicht auch Zar Peter, in »dessen Seele zwar das Gemeine und Rohe wohnte, aber auch das Große und Erhabene« und der gut einmal beim »Rückblick in die goldene Jugendzeit durch den Kontrast mit den laufenden Herrschersorgen weich und wehmütig gestimmt worden« sein kann? Lortzing selbst erwähnte dabei auch den durchschlagenden Erfolg gerade dieses Zarenliedes: Es »schlug durch und ist wohl in 20 000 Exemplaren durch die Welt geflattert«.

Nun, das Lied wird vom Publikum geradezu erwartet, und wenn auch Volkesstimme nicht immer Gottes Stimme zu sein braucht, so sind Einwände und Bedenken doch sinnlos und ein Weglassen (wie manche Theater es praktizieren) kaum zu rechtfertigen: Man soll nicht gescheiter sein wollen als der Autor . . .

FÜNFTER AUFTRITT
Zar allein.

Zar: Glückliche, beneidenswerte Menschen! Euch lächelt
froh die Zukunft, wie in der Kindheit goldnen Tagen,
wo noch kein Kummer die Seele drückt.

Sonst spielt ich mit Zep-ter, mit
Kro-ne und Stern; das Schwert, schon als
Kind, ach, ich schwang es so gern!

(28)

Das Zarenlied entspricht übrigens einem Brauch der Spiel-
oper (der später von der entstehenden deutschen oder Wiener

Nr. 14 Lied

Sonst spielt' ich mit Zepter, mit Krone und Stern;
Das Schwert schon als Kind, ach, ich schwang es so
    gern!
Gespielen und Diener bedrohte mein Blick;
Froh kehrt' ich zum Schoße des Vaters zurück.
Und liebkosend sprach er: Lieb Knabe, bist mein!
O selig, o selig, ein Kind noch zu sein!

Nun schmückt mich die Krone, nun trag ich den Stern,
Das Volk, meine Russen, beglückt' ich so gern.
Ich führ sie zur Größe, ich führ sie zum Licht,
Mein väterlich Streben erkennen sie nicht.
Umhüllet von Purpur nun steh ich allein —
O selig, o selig, ein Kind noch zu sein!

Und endet dies Streben und endet die Pein,
So setzt man dem Kaiser ein Denkmal von Stein.
Ein Denkmal im Herzen erwirbt er sich kaum,
Denn irdische Größe erlischt wie im[1]) Traum.
Doch rufst du, Allgüt'ger: »In Frieden geh ein!«
So werd ich beseligt dein Kind wieder sein.
          (Er geht ab.)

SECHSTER AUFTRITT
Iwanow allein.

Iwanow (ihm nachrufend): Michaelow! — Er hört nicht!
Rätselhafter Mensch, bald fange auch ich an,[2]) mich
vor ihm zu scheuen. Zwar wenn ich's recht bedenke,
was wollen[3]) denn die Menschen aus mir machen?
Der Bürgermeister nennt mich Majestät, man huldigt
mir, gibt mir Ehrenwachen, und wenn ich frage, was
das bedeutet, so hüllen sich alle in ein geheimnisvolles

---

[1]) TV: Auch »ein Traum«.
[2]) TV: Hier »bald fange ich auch an«.
[3]) TV: Für »wollen« steht »sollen«.

Operette übernommen wurde): dem Einbau lyrischer, senti-
mentaler Lieder als Ruhepunkt kurz nach oder noch häufiger
kurz vor dem Ausbruch der »Dramatik«. Viele, auch illustre
Beispiele ließen sich anführen, nicht selten bei Wagner (Arie
Eriks im »Fliegenden Holländer«, Gebet Elisabeths und Lied
an den Abendstern Wolframs in »Tannhäuser«).
Das Duett zwischen Marie und ihrem vermeintlichen »Za-
ren« Iwanow rückt die Musik wieder ins Humorvolle, Lust-
spielartige zurück:

(29)

Es ist ein besonders fein gearbeitetes Stück, das sich musika-
lisch um die Hauptmelodie der ersten vier Orchestertakte
rankt und deren Melodik in zahllosen Variationen immer
wieder ganz oder teilweise zitiert. Dazu eine vorbildliche De-
klamation, die je nach Bedarf ernst (bei Iwanow) und schel-
misch (bei Marie) klingt, den dauernden Mißverständnissen

Schweigen. Je nun, mir ist alles recht, und nebenbei
habe ich von dem närrischen Zeuge wenigstens den
Nutzen, daß ich nicht an meinen Obersten ausgeliefert
werde.

SIEBENTER AUFTRITT
Iwanow. Marie.

Marie: Noch eine Frage, Herr Michaelow – wie – du bist
es? *(Sich fassend.)* Euer Majestät sind es?
Iwanow: Sieh da, Marie, was willst du denn hier?

Nr. 15 Duett

Marie: Darf eine niedre Magd es wagen,
Sich Eurer Majestät zu nahn?
Ich wollte untertänigst fragen,
Ob Sie Herrn Michaelow sahn?
Iwanow: Hör auf, Marie, laß die Possen,
Ich bin ja keine Majestät.
Es hat mich lange schon verdrossen,
Daß man mich mit Gewalt erhöht!
Marie: O Majestät sind zu bescheiden,
Ich weiß es besser, wer Sie sind.
Iwanow: Dann bist du zu beneiden!
Wer bin ich? Sag es mir geschwind!
Marie (sich vergessend): Du bist ein Spitzbub!
Iwanow: Ich, Marie?
Marie: Was tu ich!
Iwanow: Meinst du dein Herz, ja allerdings,
Dein Herz, das stahl ich dir.
Marie (für sich): Herrgott, es ist ja viel zu frühe,
Michaelow verbot es mir.
Iwanow: Du hast mich zum besten, gleich gib mir Kunde,
Wer konnte wohl unser Fürsprecher sein?
Marie: Ich bleibe stumm und vor einer Stunde
Laß ich mich in keine Erklärung ein.
Iwanow: Das ist mir zu bunt.

Rechnung trägt sowie der aufbrausenden Eifersucht Iwa-
nows. Gefühl und Scherz mischen sich nahtlos. Formal ist ein
kontrastierender Mittelteil (»Ich soll durchaus . . .«, Mo-
derato – also scheinbar im gleichen Zeitmaß bleibend, aber
durch den veränderten Rhythmus ein wenig langsamer wir-
kend – E-Dur) zwischen annähernd gleiche Anfangs- und
Schlußteile geschoben, also A-B-A, was dem ziemlich langen
Stück einen festen Zusammenhang gibt.

Marie: Er will mich fangen.

Iwanow: Sie hat mich zum besten.

Marie: Er ärgert sich, er ärgert sich fürchterlich. –
Wenn Euer Majestät verlangen,
So bin ich so frei und empfehle mich.

Iwanow: So geh nur.

Marie: Das tu ich.

Iwanow: In Gottes Namen.

Marie: Empfehl mich.

Iwanow: Diener!

Marie: Das klingt sehr galant.
Majestät gehen wohl sehr viel um mit Damen?

Iwanow (trotzig): Sehr viel; das tu ich, hab ich stets getan.

Marie (sich vergessend, will auf ihn los): Du!

Iwanow: Was gibt's?

Marie (faßt sich, beiseite):
Da seht doch, da seht doch den Duckmäuser an!

Beide: Wart nur! Später werd ich's dir gedenken,
Was ich jetzt leide; die Spielerei
Werd ich dir niemals schenken.
Wart nur! Ist nur die Stunde erst vorbei;
Teuer sollst du mir bezahlen,
Darauf setze ich mein Leben ein;
Und sollte auch das Ende unsrer vielen Qualen
Der Anfang des Glückes sein.

Iwanow (für sich):
Ich soll durchaus den Herrscher spielen,
Ich mag nun wollen oder nicht,
Wohlan, nun soll sie einmal fühlen,
Wie's tut, wenn man mit einem spricht.
(Laut.) Jungfrau Marie!

Marie: Sie befehlen?

Iwanow: Man geht hinaus!

Marie: Sieh einmal an.

Iwanow: Jungfrau Marie!

Marie: Sie befehlen?

Iwanow: Man bleibt!

Marie (beiseite): Der Grobian!

*Nach dem leichten Duett voll Charme und gegenseitigem Ver-
steckenspiel zweier Verliebter, die nichts anderes im Kopf zu
haben brauchen als ihr gemeinsames Glück, bricht nun die
»Staatsaffaire« wieder entscheidend durch; allerdings auch
sie mit Komik, da das rettende Schiff, das – ausgerechnet! –
der englische Gesandte zur Verfügung stellt, dem falschen Zaren zugedacht ist. Dieser wird nun in die größte Verwirrung
seines Lebens gestürzt. Dem echten Zaren fällt es so nicht*

Iwanow: Jungfrau Marie!

Marie (ungeduldig): Ja, so heiß ich,
    Was steht denn eigentlich noch zu Gebot?

Iwanow (mit komischer Gravität): Wir sind der Kaiser.

Marie: Ei, ja, das weiß ich.

Iwanow: Und was für einer, sapperlot!
    Drum wollt' Euch unserm Willen fügen,
    Wir bieten gnäd'gen Kuß Euch an.

Marie (ihn foppend):
    Der Herr Franzos' küßt mich mit vielem Vergnügen,
    's ist überhaupt ein feiner Mann.

Iwanow (seine Würde vergessend, will auf sie zu): Du!

Marie: Majestät?

Iwanow (faßt sich, für sich):
    Da seht doch, da seht doch die Duckmäusrin an.

Beide: Wart nur! Später werd ich's dir gedenken,
    Was ich jetzt leide; die Spielerei
    Werd ich dir niemals schenken.
    Wart nur! Ist nur die Stunde erst vorbei;
    Teuer sollst du mir bezahlen,
    Darauf setze ich mein Leben ein;
    Und sollte auch das Ende unsrer vielen Qualen
    Der Anfang des Glückes sein.
          (Marie geht ab.)
   (Iwanow will sich nach der andern Seite entfernen.)
       (Zar tritt ihm entgegen.)

ACHTER AUFTRITT
Zar. Iwanow.

Zar (lebhaft): Das ist zum Rasendwerden! Der Hafen
    ist gesperrt. Selbst der Kapitän, der mich führen soll-
    te –

Iwanow: Ei, Michaelow, du kommst mir wie gerufen.

Zar: Nun?

Iwanow: Weißt du wohl, daß deine Freiheit bedroht ist?
    Die Leute wollen nämlich mit aller[1]) Gewalt in uns

---

[1]) TV: »aller« fehlt.

allzu schwer, Paß und Schiffspapiere seinem Freunde Iwanow abzunehmen, ihm aber dafür die noch reichlich unglaubwürdige Versprechung zu machen, er werde »sein Glück begründen«.

(gesprochener Text)

beiden einen Ausreißer und einen Zaren finden.
Da sie mich nun alle für den Zaren nehmen, so mußt
du der Ausreißer sein.

Zar: Die Leute sind alle toll. Doch sei es, wie es sei, noch
in dieser Stunde muß ich fort.

Iwanow: Also ist die Sache so ernsthaft?

Zar: Meine Ehre, mein Leben steht auf dem Spiel[1]).

Iwanow: Wenn's so ist, muß sich meine Majestät ins Mittel
schlagen. – Da – *(er zieht ein Papier hervor)* lies, ich
ernenne dich zu meinem Geheimsekretär und nehme
dich mit auf meiner Jacht.

Zar: Was seh ich? Wie kamst du zu diesen Papieren?

Iwanow: Lieber Gott, wie eine Majestät zu so etwas kommen kann. Ich begegnete vorhin dem englischen Lord;
er versichert[2]) mir, meine Feinde wären darauf bedacht, mich hier in Saardam festzuhalten, gibt mir
diesen Paß, bietet mir eine Jacht, Matrosen, Geld
– ich begreife nichts von allem, das tut aber nichts,
er hat es zu verantworten.

Zar (nachdem er gelesen): Herrlich! Wir sind gerettet!

Iwanow: Ganz gewiß!

Zar: Ich nehme dich mit, wenn du willst.

Iwanow: Wie kommst du mir denn vor? Ich nehme dich
mit, wenn du es erlaubst.

Zar: Einerlei – wir reisen noch in dieser Stunde.

Iwanow: Nicht einerlei. Was soll denn aus Marie[3]) werden?

Zar: Für euch ist gesorgt. Nimm dies[4]) versiegelte Papier
und gelobe mir, es vor einer Stunde nicht zu öffnen.

Iwanow: Kommst du mir auch mit der Stunde? Da mach
ich kurzen Prozeß. *(Er will das Papier öffnen.)*

Zar (reißt es ihm aus der Hand): Halt! Nicht eher, als bis
ich auf offner See bin.

Iwanow: Ich denke, wir reisen zusammen –

[1]) TV: Auch »Spiele«.
[2]) TV: »versicherte«.
[3]) TV: Hier »Marien«.
[4]) TV: Auch »dieses«.

(gesprochener Text)

Und so setzt das Finale ein. Der Zar und seine Gruppe (Le-fort, Chateauneuf) benutzen das Herannahen der freudigen Menge, die dem Zaren – also natürlich Iwanow – huldigen will, um sich nach einem kunstvollen Männerquartett aus dem Staube zu machen und eilig das Schiff zu besteigen, das sie si-cher aus dem Hafen bringen soll.

Zar: Oder bis wir uns getrennt – diese Schrift enthält dein
   Glück.
Iwanow: Du begründest mein Glück? Ich werde immer
   konfuser.
Zar: Du willst nicht –? *(Er will gehen.)*
Iwanow (schnell): Versteht sich. Her mit dem Glück!
Zar: Du gelobst mir auch, dies[5]) Papier nicht eher zu er-
   brechen –
Iwanow: Als bis eine Stunde vorüber, das ist eine alte
   Geschichte. Jetzt gib mir aber auch den Paß. *(Er
   nimmt die Schrift.)*
Zar: Den empfängst du später.
Iwanow: Aber Michaelow!
Zar (zornig): Gehorche!
Iwanow: Was Teufel!

NEUNTER AUFTRITT
Marquis. Lefort. Zar. Iwanow.

Nr. 16 Finale
Quartett
Zar (Marquis und Lefort beiseite ziehend):
   Freunde, hört, das Mittel ist gefunden,
   Das alsbald uns nun von dannen bringt.
   Seht diesen Paß, wir sind in wenig Stunden
   Schon weit von hier.
Marquis und Lefort: Wohl Euch, wenn es gelingt;
   Doch dem Zar zu huld'gen naht die Menge
   In hoher Feier diesem Ort.
Zar: Zustatten kommt uns dies Gedränge,
   Leise schleichen wir uns fort.
Iwanow (beiseite):
   Was soll ich von dem allen glauben,
   Warum verstehen sie sich gleich?

[5]) TV: Auch »das«.

Wieder kommt Lortzings Kunst zur Geltung, eine Person – Iwanow – in den gleichen Rhythmus der anderen zu bringen, obwohl sie im Grunde genau deren Gegenteil singt. (Es sei erwähnt, daß manchmal dieser erste Teil des Finales weggelassen wird, wozu kaum ein echter Grund angeführt werden könnte. Musikalisch ist die Szene außerordentlich fein, dramaturgisch ist sie wichtig.)

Will man mir meine Freiheit rauben?
Das wäre ein verwünschter Streich.
Marquis, Zar und Lefort (zu Iwanow):
Wenn Euer[1]) Majestät befehlen,
So gehen wir.
Iwanow: Was heißt denn das?
Marquis, Zar und Lefort:
Wir werden andre Zeit erwählen.
Iwanow: Was? Andre Zeit? Gib mir den Paß!
Zar: Den Paß erhältst du ohne Zweifel,
Sobald es Zeit und Stunde ist.
Iwanow (zornig): Hol alle Stunden doch der Teufel,
Ich bin ein Opfer seiner List.
Zar, Marquis und Lefort:
Armer Schelm, er weiß es nicht zu deuten,
Was uns allen Heil und Nutzen bringt.
Diese List wird ans sichre Ziel uns nun geleiten,
Gib, o Himmel, daß sie uns gelingt!
Während friedlich unterm Sternenbogen
Alles schlummert schon in süßer Ruh,
Eilen wir auf raschen Wogen
Einem fernen teuren Lande zu.
Iwanow: Nein, bei Gott, ich weiß es nicht zu deuten,
Daß man mich um meine Freiheit bringt.
Dies der Zweck von seinen Heimlichkeiten,
Gib, o Himmel, daß es nicht gelingt.
Während unterm Sternenbogen
Alles schlummert schon in süßer Ruh,
Eilte ich auf raschen Wogen rastlos
Mit Marie[2]) einem fernen teuren Lande zu.
(Zar, Marquis und Lefort gehen ab.)

[1]) TV: Hier »Eure«.
[2]) TV: Auch »Marien«.

Dann erklingt ein Marsch (mit einem leisen Anklang – der unbeabsichtigt sein dürfte – an den ungarischen Rakoczy-Marsch, den Berlioz ein wenig später in »Fausts Verdammung« einschließen wird), den bei seiner Wiederholung auch der Chor anstimmt.

Van Bett übernimmt das musikalische Motiv und hält an den vermeintlichen »Zaren« Iwanow eine kurze Ansprache, um das folgende Ballett anzukündigen.
Mit diesem hat Lortzing wieder ein äußerst populär gewordenes Stück seiner Partitur geschaffen: den »Holzschuh-Tanz«. Zum dritten Mal in dieser Oper greift er zu einer »Nationalmelodie«, greift er zur bewußten Volkstümlichkeit und nähert sich der Folklore. Hier ist allerdings kein direktes Zitat zu erkennen, und das holländische Element kommt am stärksten in der für dieses Land typischen Fußbekleidung zum Ausdruck, deren fröhliches Klappern musikalisch eingefangen erscheint. Der erste Teil bringt eine zweimal 8 Takte umfassende schwungvolle Melodie:

ZEHNTER AUFTRITT

*Ein Fahnenträger eröffnet den Zug; ihm folgen sechs kleine
Mädchen in Nationaltracht, dann zwei Männer, die einen mit
Blumen gezierten, thronartig gestalteten Sitz tragen, welchen
sie im Vordergrunde auf einigen sich dort befindlichen Stufen
niedersetzen. van Bett mit den Ratsherren paarweise, vor jedem Paar wieder ein Fahnenträger; dann Marie und Meisterin
Browe mit dem Chor der Mädchen und Frauen, ihnen folgen
die Männer paarweise. Der Zug geht um die ganze Bühne und
stellt sich dann zu beiden Seiten im Hintergrunde auf. Wenn
der Zug steht, will sich Iwanow, der sich staunend im Vordergrund aufhielt, entfernen; auf einen Wink des Bürgermeisters
umringen ihn die kleinen Mädchen und ziehen den sich
Sträubenden zum Sitz.*

Chor: Schmücket mit Kränzen und Blumen die Halle,
     Singt, ihn zu ehren, ein heiteres Lied,
     Daß es dem großen Monarchen gefalle
     Und daß er unsre Freude sieht.
     Mög' er länger noch bei uns verweilen
     Und wie sonst unsre Freuden teilen!
     Jauchzet hoch auf, es lebe der Mann,
     Der unbekannt[1]) aller Herzen gewann!

van Bett: Möcht' es, großer Held, dir gefallen,
     Fröhlichen Tänzen dein Auge zu leihn,
     Würd' es uns Hochbeglückten allen
     Ein ganz besonderes Vergnügen sein.

(Iwanow nickt.)
(van Bett gibt ein Zeichen.)

---

[1]) TV: Statt »unbekannt« auch »ungekannt«.

(30)

Die nächsten Teile kontrastieren hierzu graziös durch derberen bzw. rhythmischeren Charakter:

(31)

Weitere Teile mit neuer Melodik und deutlichem Moll-Dur-Wechsel stellen gewissermaßen das »Trio« dar, wie es bei klassischen Tänzen stets als Mittelstück zwischen dem Anfangs- und dem diesem ähnlichen Schlußteil steht: eine richtige »Ballettnummer« von sicherer Wirkung und, bei guter Choreographie und hübschen Kostümen, reizendem Lokalkolorit.
Dann ordnet van Bett nach einer rezitativischen Ansprache an Iwanow seine Sängerschar, um die früher geprobte Kantate nun wirkungsvoll als Huldigung zu Gehör zu bringen.

van Bett (nachdem der Tanz zu Ende):
  Erhabner Held, die Römer und Griechen
  Opferten Tiere bei jeglichem Fest!
  Wir konnten keinen Ochsen kriegen,
  Der sich so etwas gefallen läßt.
  Auch ist bekannt, daß solch ein Ergötzen
  Sich für die heutige Zeit nicht mehr paßt;
  Diesen Mangel nun zu ersetzen,
  Gab ich mich her und habe zierliche Reime verfaßt.
  (Er stellt die Personen zum Gesang auf.)

*Aber kaum ist der »großartige« Anfang erklungen (elfmal die
gleiche Note: Das kann nur parodistisch gemeint sein), da unterbricht der Ratsdiener eilig die Feier. Und während der aufgeregte van Bett versichert, sich nicht stören lassen zu können,
singt der Chor vorläufig unverdrossen weiter. Noch einmal
vereint van Bett seine »Solistenstimme« mit dem Chor: »Du
bist ein großer Held!«*

*Da zerreißen Kanonenschüsse und Lärm vom Hafen her die
Stimmung vollends. Für eine neuerliche, nun laut vorge-
brachte Meldung des Ratsdieners unterbricht das Orchester
nach einem erregten Aufschwung sein Spiel. Dann fällt es unter allgemeiner Verwirrung wieder ein: Verrat! Komplott!
Rebellion! In die Konfusion und den Ruf nach Waffen – beides auf vielen Bühnen gegenüber dem Original oft ein wenig
gekürzt – mischen sich die Stimmen der beiden Liebenden,
die sich durch Michailows Flucht verraten fühlen.*

*Doch Marie kann an eine solche Möglichkeit nicht glauben:
Ob das verschlossene Papier, das Iwanow von jenem erhielt,*

Marie (steht Iwanow zur Seite und flüstert ihm zu):
      Zage nicht, nah sind wir dem Ziel,
      Und eine frohe Zukunft lacht.
Iwanow: 's wäre Zeit, daß dem närr'schen Spiel
      Ein bald'ges Ende würd' gemacht.
Marie: Ja, unsre Wünsche krönt ein gütiges Geschick.
Iwanow: Sieh dies Papier, es enthält unser Glück.
van Bett: Daß ihr mir die Verse nicht zerstückelt,
      Im Flusse muß das Ganze gehn.
Marie (zu Iwanow):
      Unser Glück ist in Papier gewickelt?
      Ei, ei, wie soll ich das verstehn?
Iwanow: Mein Kind, das sollst du nun bald sehn.
van Bett (ist mit dem Ordnen fertig):
      »Heil sei dem Tag, an welchem du bei uns erschienen.
      Es ist schon lange her.«
Chor: »Heil sei dem Tag, an welchem du bei uns erschienen.
      Es ist schon lange her.
      Aus vollem Herzen rufen wir:
      Heil uns, der Zar ist da!«
(Ein Ratsdiener kommt eilig und flüstert dem Bürgermeister
              etwas ins Ohr.)
van Bett: Ei was, jetzt kann mich niemand sprechen,
      Meinen Vortrag unterbrechen
      Kann ich nun und nimmermehr.
          (Ratsdiener geht ab.)
Chor und van Bett: »Du bist ein großer Held, vivat!«
       (Kanonenschüsse und Lärm von außen.)
      Welch Geräusch! Was gibt's?
      Wer stört des Tages Feier?
Ratsdiener (stürzt herein und spricht): Der Hafen ist geöff-
      net. Peter Michaelow an der Spitze einer großen
      Mannschaft will soeben auslaufen.
van Bett: Ha, Verrat!
Chor: Ha, Verrat!
van Bett: Welch höllisches Komplott!
Chor: Ein Komplott?
van Bett: Rebellion!

nicht die Lösung bringen kann? Iwanow, viel weniger gläubig
als seine Braut, liest – während das volle Orchester nun in
aufgeregten Akkorden und Läufen die Stimmung der Menge
wiedergibt und im Hintergrund der Hafen sichtbar wurde –
und ist einer Ohnmacht nahe. Alles bemüht sich um die
»Majestät«.

Das Orchester bricht ab: Unter ungeheurer Spannung ver-
liest Iwanow das Schriftstück, das die Wahrheit an den Tag
bringt. Und nach einem letzten dummen Satz van Betts rich-
ten aller Blicke sich auf den Hafen, wo der Zar mit Lefort
und Chateauneuf auf einem Schiff sichtbar ist.

Chor: Was soll das wohl bedeuten?
van Bett und Chor: Greifet alle zu den Waffen,
    Diesen Frevel zu bestrafen
    Sei nun $\left\{ \begin{array}{c} \text{meine} \\ \text{Eure} \end{array} \right\}$ erste Pflicht.

*(van Bett erteilt im Hintergrunde Befehle. Mehrere eilen hin-
aus, allgemeine Bewegung.)*
Marie und Iwanow (im Vordergrunde):
    So hat er uns betrogen
    Und Freundschaft nur gelogen,
    Unsre Hoffnung ist dahin.
Marie: Doch die Schrift, die du empfangen,
    Wohl zu seinen Gunsten spricht.
Iwanow: Gern erfüll ich dein Verlangen,
    Ihn verteid'gen wird sie nicht.
van Bett: Öffnet dieses Saales Türen,
    Die zunächst zum Hafen führen.
Iwanow (hat die Schrift gelesen und spricht): Heiliger Niko-
    laus, was sehen meine Augen?
Alle: Was geschieht? Was ergreift die Majestät?
Iwanow (spricht): Peter Michaelow, er ist der Zar! Da
    steht es. *(Er liest.)* »Hiermit gebe ich meine Einwilli-
    gung zur Verheiratung des Kaiserlichen Oberaufse-
    hers Peter Iwanow mit der Nichte des schwachköpfi-
    gen —«
van Bett (spricht): An diesen huldreichen Gesinnungen
    erkenn ich den Zaren.

ELFTER AUFTRITT
*In diesem Augenblick wurden die hintern Vorhänge geöffnet;
man erblickt den Hafen. In der Mitte auf einer Jacht steht der
Zar (als Zar gekleidet), umgeben von Lefort, Marquis und
Offizieren.*
van Bett (sieht sich um und ruft): Da steht er! —
    Der muß es sein.
Alle (rufen): Es lebe der Zar!

Rauschend fällt die Musik ein, einige festliche, aber doch dramatische, bewegte Takte schaffen die »majestätische« Stimmung zu Peters des Großen Schlußgesang, seinem herzlichen Abschied von Saardam:

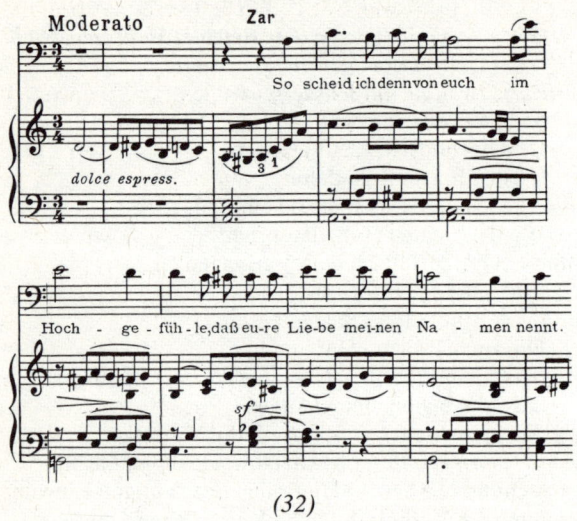

(32)

Seine letzten Worte bilden melodisch eine Reminiszenz an sein Auftrittslied im ersten Akt: Der Polonaisen-Rhythmus wird wieder angedeutet, und selbst die auffallenden »falschen« Betonungen (vollenden, senden) sind wieder da (die in Wirklichkeit natürlich keine solchen sind, sondern Anpassungen an den Rhythmus, an einen Taktwechsel, den ein moderner Komponist ausschreiben würde, der aber einem Frühromantiker keine Sorgen bereitet, da er seine richtige Ausführung als selbstverständlich voraussetzt).
Die letzten Minuten gehören den jubelnden Chören, Marie, Iwanow und van Bett, die durchwegs glücklich zurückbleiben: Ihr Gesang knüpft zuerst an des Zaren ein klein wenig »fremden« (slawischen) Rhythmus an, um zuletzt in abschließende, fanfarenartige Hochrufe auszubrechen. In hell-

Zar (auf dem Schiffe):
> So scheid ich denn von euch im Hochgefühle,
> Daß eure Liebe meinen Namen nennt.
> Mich ruft die ernste Pflicht zum höhern Ziele!
> Doch wenn auch fernes Land und Meer uns trennt:
> Ihr denkt freundlich dann an den Zimmermann!
> Lebt wohl!
> Kühn mög' euer Fleiß mit kräft'gem Arm manchen Bau
> noch vollenden,
> Stolze Schiffe sollen meiner Huld gnäd'ge Grüße euch
> senden.

Alle: Kann uns auch dein Lied nicht mehr erfreun,
> Soll dein Name doch uns Leitstern sein!
> Über Land und Meer tön' es hinaus:
> Heil dem Zar und seinem Haus!
> Heil seinem Haus, Segen seinem Haus!

stem C-Dur (dessen »Strahlen« schon Lortzing gefühlt zu ha-
ben scheint, bevor Wagner es am festlichen Ende seiner drei-
ßig Jahre späteren »Meistersinger von Nürnberg« in noch we-
sentlich gesteigerter Form verwendet) endet unter Hochrufen,
Salutschüssen, Glockengeläut und Fahnenschwenken laut
und froh das Werk.

(Gegen das Ende eilen Iwanow und Marie zum Schiff und knien nieder. van Bett sammelt einige der im Vordergrund Stehenden, um seine Kantate zu beginnen. Trommeln wirbeln, Matrosen erklettern die Mastbäume, Glocken läuten, Kanonen werden gelöst.)

Zur Geschichte der komischen Oper
»Zar und Zimmermann«

»Meine Finanzen waren und sind zerrüttet«, schreibt *Albert Lortzing* gegen Ende seines Lebens am 4. Februar 1850 an seinen langjährigen Freund, den Schauspieler *Philipp Reger,* und hat damit in wenigen Worten seine Lebenstragödie umrissen. Tatsächlich gibt es kaum einen Brief des Komponisten, in dem nicht von Geld die Rede wäre. Wahrlich nicht, weil der Musiker, Schauspieler, Sänger, Kapellmeister und Komponist *Albert Lortzing* besonders gierig auf materielle Güter bedacht gewesen wäre oder darauf, Reichtümer zu häufen, in Glanz und Luxus zu leben, sondern aus dem schmerzlichen Grunde, weil seine Einnahmen niemals dazu reichten, seiner Familie und sich ein ruhiges Dach über dem Kopf, ein sorgloses Auskommen zu sichern. In den ungefähr dreißig Jahren seines Berufslebens mußte er immer wieder seine Gedanken darauf richten, wie er sich und die Seinen notdürftig über Wasser halten könnte. Im gleichen Schreiben finden sich noch weitere Bekenntnisse dieser Art: »Wovon also, wirst Du fragen, lebst Du? Ich friste mir und den Meinen das Leben – so von Woche zu Woche. Manchmal freilich weiß ich nicht für die nächsten Tage Rat . . .« Es ist eine sehr lange Epistel, und man gewinnt den Eindruck, *Lortzing* begrüße diese Gelegenheit, sein Herz auszuschütten, weil er es wahrscheinlich zu Hause aus Schonung für seine geliebte Gattin nicht tun wollte. Wozu sollte er sie, die treu und tapfer alles Ungemach an seiner Seite trug, mehr ängstigen, als unbedingt notwendig war? Er schreibt an *Reger:* »Der deutsche Komponist Albert Lortzing muß alle 8–10 Tage seine Familie verlassen! Ihre geringe Barschaft reicht kaum so weit, bis er wieder etwas verdient hat! Er selbst hat kaum so viel, um den Dampfwagen bezahlen zu können. Es ist nur dummes Zeug; aber es war mir ein schmerzliches Gefühl, zum ersten Mal in meinem Leben den Sylvesterabend ohne die Meinigen, sowie meinen 25jährigen Hochzeitstag fern von meinem guten Weibe zubringen

Albert Lortzing
(sitzend) mit seinem Freund Philipp Reger

zu müssen! Dazu die Strapazen bei solcher Kälte auf solchen
kleinen Theatern und vor allem: der gräßliche Widerwille
gegen das Komödiespielen! . . . Mein braves Weib fühlt es
tief, welche Überwindung es mich kostet und wie ich mich
quälen muß, und sie weint manche Träne deshalb, aber sie
weiß auch, daß es für den Augenblick nicht zu ändern ist . . .
Du glaubst nun wohl, mein lieber Philipp, Du wüßtest nun

alles ›was mein ist von der traurigen Geschichte‹? O nein! Seit drei Monaten bereits leide ich an einer Harthörigkeit auf dem rechten Ohr; ein Leipziger Arzt, der sich auf die Ohren vorzugsweise verstehen will, gab mir den angenehmen Trost, daß das Trommelfell lädiert wäre! Ich habe gleich von Anfang alles Mögliche gebraucht, aber ohne allen Erfolg. Du kannst wohl denken, wie sehr dieses Übel mich gerade jetzt geniert, ja in Verlegenheit bringt. Das hat mir auch noch gefehlt . . .«

Einen »deutschen Komponisten« nennt *Lortzing* viele Male in seinem Leben sich selbst –, nicht etwa stolz, wie man vielleicht meinen könnte, sondern zumeist ironisch, voll Bitterkeit und Resignation. Ein deutscher Komponist zu sein, das bedeutet um die Mitte des 19. Jahrhunderts immer noch, kein gesichertes Einkommen zu haben, für seine Werke schlecht oder überhaupt nicht bezahlt zu werden, sich ängstigen zu müssen um die nächste Zukunft, keine Aussichten zu erblicken für die weitere. Von *Mozart,* mit der »Entführung aus dem Serail« und der »Zauberflöte« der Begründer des deutschen Singspiels – also einer typisch »deutschen« Musik –, soll hier gar nicht die Rede sein; seine Misere ist ungezählte Male beschrieben worden. *Beethovens* Fall liegt ein wenig anders, weil er das Glück hatte, einflußreichste Musikliebhaber, reiche Mäzene für sich interessieren zu können; aber sein Beitrag zur deutschen Spieloper, »Fidelio«, wurde ebenfalls nur unbedeutend honoriert. Schlimm wäre es *Carl Maria von Weber* ergangen, hätte er von den Bühnenwerken leben müssen, die seinen und der jungen deutschen Oper Ruhm begründeten: dem »Freischütz« vor allem, der am 18. Juni 1821 in Berlin dem sich gegen die italienische Oper auflehnenden nationalen Genre triumphal die Pforten öffnete. Nur die erfolgreiche Kapellmeisterlaufbahn hielt *Weber* über Wasser, und dies war das Auskunftsmittel der allermeisten deutschen Komponisten jener Zeit. Auch *Lortzing* versuchte es, doch der Erfolg war seiner stabführenden Hand nicht annähernd so beschieden, wie es bei der schreibenden Hand der Fall war. Für Werke aber war kein Theater bereit, nennenswerte Beträge zu bezahlen.

Wenn es sich nicht um italienische oder französische Komponisten handelte ... Immer wieder bemerkt *Lortzing* in seinen Briefen, daß diese es um soviel leichter hätten, da das Publikum aller Länder, einschließlich Deutschlands, auf ihre »Triller und Koloraturen« versessen sei. Da genügt es, einen einzigen von *Lortzings* italienischen Zeitgenossen ins Auge zu fassen: den genialen *Rossini,* der sich mit 37 Jahren vom Opernbetrieb zurückziehen und mehr als dreißig weitere Jahre in Wohlstand, Ruhm und Bequemlichkeit in eigener Villa wie ein Fürst residieren konnte.

Lortzing hat diesen Aufstieg nie geschafft. Aus sehr kleinen Verhältnissen kam er, in engen Verhältnissen ist er gestorben. Der am 23. Oktober 1801 geborene Knabe begleitet schon sehr früh die Eltern auf ihrem unsteten Wanderleben durch kleine und unbedeutendste Theaterstädte. Sie spielen beide, und zum Frühesten, was Lortzing kennenlernt, gehören die Bretter, aus denen Bühnen gezimmert sind und von denen jene, die auf ihnen zu Hause sind, behaupten, sie bedeuteten »die Welt«. Eines Tages, als in einer der zahllosen Komödien, die hier gespielt und die seitdem zum überwiegenden Teil längst vergessen wurden, eine Kinderrolle vorkam, stellte man *Albert* auf diese Bretter; sein Schicksal war zwangsmäßig vorgezeichnet. Dann fand die Familie Anstellung bei *Josef Derossi,* der einst Mitstreiter des Tiroler Freiheitskämpfers *Andreas Hofer* gewesen und dann als Schauspieler zum Theater gegangen war. Nun hatte er die Direktion einer rheinischen Bühne inne, die in Düsseldorf, Köln, Bonn, Aachen und Elberfeld spielte. 1819, also mit ungefähr 18 Jahren, übernahm dort der Sohn *Lortzing* erste »richtige« Rollen neben seinen Eltern, dem Vater *Gottlieb* und der Mutter *Charlotte.* Es galt, »alles« zu spielen, zu singen, zu mimen, denn die Ensembles waren nicht groß und die Ansprüche wie die Kenntnisse des allgemeinen Publikums ebensowenig.

Im Rückblick schildert ihn einer seiner engsten Freunde, *Philipp Jakob Düringer* – der zum Verfasser seiner frühesten Biographie wurde, die noch im Todesjahr (1851) erschien –, recht anschaulich: »Ohne eigentliche ausgeprägte Stimme war er mit seinen musikalischen Kenntnissen und Talenten stets in der Oper verwendbar, namentlich für Spielpartien. Sein liebeswürdiges, einnehmendes Äußere kam ihm auf der Bühne sehr zustatten. Eine schlanke Mittelfigur mit dunkellockigem Haar, freundlich schönem Angesicht; seine hübschen dunklen Augen waren von gutmütigem, schelmischem Ausdruck, heiter lebendig; seine ganze Erscheinung, sein ganzes Wesen voll Frohsinn und Laune, gewandt und gefällig, so auf der Bühne wie im Leben, verfehlte da wie dort niemals den angenehmsten Eindruck. Die Komödie war sein angewiesener Wirkungskreis als Schauspieler; während hier sein sprudelnder Humor sich geltend machte, konnte er trotz allen Fleißes in der Tragödie niemals die wahre Wirkung hervorbringen und nicht selten witzelte er selbst über seine ernsten Rollen . . .«

Daß *Lortzing* Tenor- und Baritonpartien in der Oper übernahm, mag uns heute verwundern, war aber damals kein vereinzelter Fall. Eher, daß er stimmlich Autodidakt war, aber auch das war damals durchaus keine Seltenheit. Er besaß wohl nur gerade die Fähigkeiten, die damals für das junge Genre des Singspiels reichten: Agilität, Komik, genügend Stärke, um über ein winziges Orchester hinwegsingen zu können, Sympathie, Volkstümlichkeit. In Sprechrollen war sein Erfolg noch stärker, seine Lustspieltypen fanden großen Anklang, besonders jene, in denen noch ein Schuß »Sentiment« und eine Dosis Charme dazukamen. So wurde der Marquis Chateauneuf eine seiner Glanzrollen, lange bevor er auch nur ahnte, daß er ihn eines Tages in »Zar und Zimmermann« auf die Musikbühne heben würde. Die Gewandtheit in Lustspielpartien war es schließlich auch, die ihm nach Scheitern seiner Kapellmeisterlaufbahn noch irgendwie, mehr schlecht als recht, das Überleben seiner letzten Jahre sichern sollte, den Unterhalt für seine gewiß nicht beneidenswerte Familie, der es zwar oft an Speise und Kleidung gebrach, aber niemals an Zusammenhalt, Zärtlichkeit und Liebe.

Er hatte sie recht jung gegründet. Vielleicht galt damals noch das später so geflügelte Wort, daß jung gefreit niemanden gereut habe; denn tatsächlich muß diese Künstlerehe als eine der glücklichsten im weiten Rund der Musikgeschichte bezeichnet werden. An der rheinischen Bühne, von der wir sprachen, verliebte er sich in seine jüngere Schauspielkollegin *Rosina Regina Ahles,* eine Schwäbin. Mancher Biograph hat sie für älter als Lortzing gehalten, und wer wollte so genau dem Alter von Bühnenkünstlerinnen nachforschen, zumal das in diesem Falle überhaupt keine wie auch immer geartete Bedeutung hatte oder erlangte. »Demoiselle« *Ahles* – wie es auf alten Theaterzetteln stets heißt – hatte in Stuttgart debütiert und kam nun als »erste Liebhaberin« nach Köln. Sie dürfte übrigens auch, wenn das Wortspiel gestattet ist, *Lortzings* erste Liebhaberin gewesen sein. Und sie war, wie ganz klar feststeht, seine letzte, ja höchstwahrscheinlich seine einzige. Eine Künstlerehe voll Verständnis und Kameradschaft, mit viel mehr Sorgen als glücklichen Lebensumständen. Elf Kinder, darunter zweimal Zwillinge, gingen aus diesem Bund hervor, eine Schar, die zu ernähren, zu kleiden, vor allem aber dem notgedrungen unsteten Leben des Vaters anzupassen, wahrlich keine leichte Aufgabe darstellte. Und die doch »der Eltern Segen« bildeten, wie es so hübsch in der Papageno-Papagena-Szene der Schikaneder-Mozartschen »Zauberflöte« heißt, ihr tiefster Zusammenhalt, ihr innigstes Glück.

Gerade diesen Papageno singt der junge *Lortzing,* dessen Vielseitigkeit Staunen erregt, anscheinend besonders gut. Er steht auch in *Mozarts* »Entführung aus dem Serail« als Pedrillo auf der Bühne; doch spielt er gleichzeitig die schwersten und tiefgründigsten Schauspielrollen, den Narren in *Shakespeares* »König Lear«, den »Don Carlos« *Schillers,* den Brackenburg in *Goethes* »Egmont«. Nun heißt sein Direktor in Köln und Aachen *Friedrich Sebald Ringelhardt;* unter seiner Leitung stehen manchmal sogar vier *Lortzings* gleichzeitig auf der Bühne: das Elternpaar und die beiden Jungen: *Herr Lortzing d. Ä.* (der Ältere), *Madame Lortzing d. Ä., Herr Lortzing d. J.* (der Jüngere), *Madame Lortzing d. J.* Seine durchschlagendsten Erfolge aber erzielt *Albert Lortzing* nicht in den »Klassikern« und selten in der Oper, sondern in den überaus populären Possen und Schwänken, die damals zum großen, wenn auch nur selten guten Teil das Repertoire der deutschen Theater bildeten. Hier darf man nicht oder nur ausnahmsweise an die unbestrittenen Meisterwerke *Raimunds* und *Nestroys* denken – mit denen *Lortzing* übrigens ebenfalls in Berührung kam –, sondern weit eher an »literarische« Erzeugnisse kaum noch annehmbarer Qualität, die breitere Schichten des Publikums scharenweise in die wohl nur bedingt als »Musentempel« zu bezeichnenden Bühnen brachten.

Es ist, wie aus den Daten der politischen Geschichte jener Jahre klar hervorgeht, eine bewegte, eine von starken sichtbaren und noch stärkeren unsichtbaren Strömungen hin- und hergerissene Zeit, in die *Lortzing* hineingestellt war. Er erlebte in einem Alter, in dem er sich der Weltereignisse bewußt werden konnte, den Höhepunkt der napoleonischen Macht, die Unterwerfung Europas, die Besetzung aller deutschen Länder, den Rußlandfeldzug, den Zusammenbruch der glorreichen »grande armée«, die Völkerschlacht bei Leipzig, den Wiener Kongreß, *Napoleons* Ausbruch aus Elba, seine letzten verzweifelten »hundert Tage«, sein Waterloo. Er fühlte die Wiederkehr der früheren Mächte, gegen die sich im Schoße der Nationen und der Gesellschaft eine immer stärkere Opposition geltend machte.

Er erlebte die Frühlingsstürme einer neuen, revolutionären Kunstrichtung, der Romantik, in der das junge Bürgertum seine Gefühle auszudrücken sucht. Er fühlte »Sturm und Drang«, beobachtete das Biedermeier, wußte wohl, von seinem kleinen Posten mit dem Kampf ums tägliche Brot nur undeutlich und verworren, das Rebellentum seiner Generation – die sich neuen Idealen verschrieben hatte und überall gewaltsam durch Polizei und Zensur niedergehalten wurde – auf einen klaren, gemeinsamen Nenner zu bringen, ahnte wahrscheinlich vieles, das die Zeit bewegte und erschütterte, übersah aber die Lage zu wenig, um die Klarheit gewinnen zu können, die manchem seiner Zeitgenossen in den Brennpunkten des damaligen Europa beschieden war. Diese Ahnung, diese innere Unruhe führte ihn wahrscheinlich gegen

Ende seines rheinischen Aufenthaltes im Sommer 1826 in eine Freimaurer-Loge. Also stand auch er auf dem Boden des »Liberalismus«, wie ihn damals das »aufgeklärte« Bürgertum verstand, als Gegengewicht gegen Absolutismus und Kastenherrschaft; die Menschenrechte, die Freiheit des Individuums wie der Gesellschaft bewegten sicherlich auch ihn. Ziemlich genau vier Jahrzehnte früher war *Mozart* Freimaurer geworden und blieb es begeistert bis zum Ende seines Lebens. Auch *Lortzing* wird es bleiben: Auf jeder Station seines Lebens wird er den Anschluß an eine Loge suchen oder zumindest den Kontakt zu Gesinnungsgefährten. Als politischen Aktivisten allerdings kann man ihn nicht bezeichnen; vielleicht halten ihn die dauernden wirtschaftlichen Sorgen, vielleicht die selbstgestellten künstlerischen Aufgaben des Schaffens davon ab. Er scheint seine Gesinnung für so selbstverständlich gehalten zu haben, daß er sie in keinem seiner Briefe je erwähnt. Sie handeln fast ausschließlich von seinen persönlichen Verhältnissen und von allgemeinen Theaterdingen, niemals von den Zeitströmungen oder gar von einer persönlichen Teilnahme daran.

Er hat im eigenen Wirkungskreis genug zu tun, genug zu kämpfen. In einem Schmähartikel wird er heftig angegriffen: »Herr Lortzing, zweiter Liebhaber und Tenorist, ein junger Zierbengel mit einer Kastratenstimme, die keiner Modulation fähig ist, einem Milchgesichte und – Liebling der Damen . . .« Sofort wehrt nicht nur er selbst sich (». . . ein Gassengenie, das sich frech zum Kunstrichter aufwirft. Zuerst zeige er, der unberufene kritische Wegelagerer, daß er einen Namen habe, der nicht etwa schon gebrandmarkt ist, wenn er die Hand eines ehrlichen Mannes, sei es auch nur zum Pulsfühlen, fassen will . . .«), sondern »Die Rheinische Flora« bringt eine Verteidigung aus der Feder angesehener Bürger, die feststellen, daß »an des fleißigen, braven und talentvollen Herrn Lortzing moralischen Werten kein Pharisäer etwas auszusetzen finden« könne.

Im Jahre 1826 werden *Lortzing* und seine Gattin an das Hoftheater in Detmold verpflichtet, dem kurz zuvor der kunstliebende *Fürst Paul Alexander* ein prächtiges Theater erbaute, das mit *Mozarts* letzter italienischer Oper »La clemenza di Tito« eröffnet wurde. Neben der »Residenzstadt« bespielte die Bühne auch noch Osnabrück, Münster sowie im Hochsommer den bekannten Badeort Pyrmont. Drei Tage lang währte die Fahrt der Familie *Lortzing,* nun um das erste Kind und eine Nichte der Ehefrau vermehrt, von Köln (das sich damals noch Cölln schrieb) nach Detmold. Am 3. November 1826 kommt sie an und fühlt sich ein wenig wunderlich, aber durchaus angeheimelt in der kleinen Stadt, wo jeder jeden kennt und der Hofmarschall die neuesten Nachrichten aus dem Lokalklatsch durch seinen Barbier erfährt, wie *Lortzing* gutgelaunt in einem Brief an seine Eltern, die in Köln zurückgeblieben sind, berichtet. Doch der Bühnenkünstler mißt eine Stadt nicht nach ihrer Größe, sondern nach den Aufgaben, die ihn ganz persönlich in ihr erwarten. Und so kann *Lortzing* gar nicht anders als lobend Detmolds gedenken. Am 10. November, also eine Woche nach seiner Ankunft, singt er die Titelrolle in *Mozarts* »Hochzeit des Figaro« und am 14. den Don Juan *Mozarts,* beides natürlich in deutscher Sprache, wie es damals ausnahmslos üblich war. In der »Zauberflöte« stand er nicht nur in der Baritonrolle des Papageno auf der Bühne, sondern manchmal auch in der Tenorpartie des Monostatos. Er verkörperte Hauptrollen in den Prosawerken »Hamlet«, »Emilia Galotti« und »Die Räuber«. Wie das möglich war, entzieht sich unserer Kenntnis; unsere Zeit kennt nichts derartiges, außer bei gezählten und fast als Sensation vermerkten Ausnahmen. Doch die Mehrzahl von *Lortzings* Auftritten erfolgte auch hier in längst vergessenen Stücken wie »Christines Liebe und Entsagung« oder »Röschens Aussteuer oder Das Duell«. Sein Biograph *Hans Christoph Worbs* stellt fest, daß *Lortzing* während seines etwa sechsjährigen Aufenthalts in Detmold an die dreihundert Partien verkörperte. Keine geringe Gedächtnisleistung, selbst wenn wir annehmen, daß die damaligen Souffleure lautstärker tätig waren als heute. Natürlich fällt es vom jetzigen Standpunkt aus leicht, über das damalige Theater zu lächeln —, sehr zu Unrecht. Es hatte wohl seine Stärken wie seine Schwächen, genau wie heute. Daß

allerdings das Orchester, dem *Mozarts* genannte Meisterwerke anvertraut waren, nur sechzehn Musiker zählte,
stimmt uns bedenklich. Nicht selten mußte *Lortzing* in diesem Orchester als Cellist aushelfen, wenn er gerade auf der
Bühne frei war. Von der Arbeitsleistung der Bühnenkünstler in jener Zeit kann man nur sagen, daß sie den ganzen Tag
bis tief in die Nacht in Anspruch nahm und daß ihre Bezah-
lung kläglich war und für nicht mehr als ein sehr bescheide-
nes Auskommen reichte. Sich ein klein wenig elegant zu
kleiden – was auch zu seiner Stellung als »Hofschauspieler«
gehörte – und sooft es möglich wurde, ein Glas Wein zu sich
zu nehmen: das waren *Lortzings* äußerliche Freuden in jenen Jahren. Böse Zungen wollten wissen, daß es gelegentlich
auch mehr, viel mehr als ein Glas wurde; aber etwas anderes
als das vermochten selbst die bösesten Zungen der Klein-
stadt dem jungen Künstler nicht nachzusagen.
Detmold spielte mehrmals im deutschen Kulturleben eine
Rolle, die seine demographische und politische Bedeutung
weit überstieg. *Christian Dietrich Grabbe,* eines der »Origi-
nalgenies« der jungen deutschen Romantik, verlebte hier, in
seiner Geburts- und Sterbestadt, die 35 kurzen Jahre seiner
skurrilen Existenz. Er war mit *Lortzing* gleichaltrig, und es
konnte nicht ausbleiben, daß die beiden jungen Künstler in
irgendeinen Kontakt miteinander treten mußten. Der erste
bestand in einem heftigen Zusammenprall. *Grabbe* äußerte
sich nicht gerade wohlwollend über den neuen Schauspieler
des Hoftheaters: »Herr Lortzing spielt, was ihm so eben
vorkommt: Bauernjungen, Bonvivants, Studenten (die bei
ihm immer als herrenlose Kaufmannsburschen aussehen),
tragische Liebhaber (in Hamburg den Don Carlos!) und was
seines Häckerlings mehr ist.« Bis hierher trifft die Kritik
eher den Direktor als den Untergebenen, der eben spielen
muß, was ihm zugeteilt wird. Dann aber wird es sehr persönlich: »Sein Organ ist schwach, seine Gebärden sind bedeu-
tungslos, feine Mimik besitzt er gar nicht, indem seine Ge-
sichtszüge ganz steif sind, aber seine kleine Figur versteht er
auf dem Theater bisweilen herauszuputzen.« Wie aus dieser
Abneigung eine Zuneigung wurde, weiß niemand mehr.

Doch bei der Uraufführung von *Grabbes* seltsamem Schauspiel »Don Juan und Faust« am 29. März 1829 spielte *Lortzing* den Don Juan! Zweifellos mit dem Einverständnis und sehr wahrscheinlich unter dem Beifall des Autors. Mehr noch, auf dessen Wunsch schreibt er die Bühnenmusik dazu, teils aus eigener Erfindung, teils unter naheliegender Verwendung von Bruchstücken aus *Spohrs* »Faust« und *Mozarts* »Don Giovanni«. Und um einiges später wird Detmold seinen Namen nochmals in die Geschichte der Künste rücken: Im Jahre 1858 wird *Johannes Brahms* sich nicht scheuen, für einige Zeit als Hofpianist und Dirigent in die ein wenig an *Spitzwegs* Kleinstadbilder gemahnende stille Residenz zu gehen.

Im Jahre 1830 beschäftigt *Lortzing* sich mit der Neubearbeitung eines Stückes, dem ein halbes Jahrhundert zuvor in der Geschichte des deutschen Singspiels eine nicht unwichtige Rolle zugefallen war: »Die Jagd«, ein Werk des Dichters *Christian Felix Weisse* und des Komponisten *Johann Adam Hiller*. Die Beschäftigung *Lortzings* mit einer Spieloper, die den Schöpfungen *Dittersdorfs* und *Weigls* an die Seite gestellt werden konnte, trug sicherlich viel dazu bei, in ihm den Wunsch erwachen zu lassen, diese Gattung neu zu beleben.

Und zwei Jahre darauf versucht er sich in ihr. 1832 bringt nicht weniger als vier Stücke *Lortzings,* die zwar nicht durchwegs als selbständige Schöpfungen seines Geistes betrachtet werden dürfen, aber stets eigene Melodien solchen aus fremden Werken beimischen, wie es damals üblich war. »Der Pole und sein Kind oder Der Feldwebel vom IV. Regiment« hat einen politischen Hintergrund: den ganz Europa tief erschütternden Untergang des polnischen Aufstands gegen die russische Fremdherrschaft. Auch »Andreas Hofer« nimmt den Stoff aus der Tagespolitik und dem Freiheitskampf eines Volkes: der Tiroler. Aber beide Singspiele sind textlich so entschärft, daß sie keinesfalls als Manifestation, ja kaum als Anteilnahme ihres Autors an den aktuellen oder historischen Begebenheiten gewertet werden dürfen. *Lortzing* liegt nun einmal die Idylle näher als der Kampf, die

Gemütlichkeit ist ihm vertrauter als das Heldentum. Den
»Weihnachtsabend« nennt *Lortzing* im Untertitel »Launigte
Szenen aus dem Familienleben und Vaudeville«, wobei letz-
teres ein aus Paris importiertes Wort darstellt, dessen Ur-
sprung unklar blieb (»Voix de ville«, Stimmen der Stadt?).
Hier malt *Lortzing* die Freuden und vergnüglichen Vorfälle
eines Heiligen Abends. Das war für den familienbewußten
Komponisten eine herzbewegende Angelegenheit. Sein
Biograph *Georg Richard Kruse* zitiert drei Briefstellen, die
uns solche Weihnachtsabende im Hause *Lortzings* mitemp-
finden lassen: »Ich bin jetzt wieder beschäftigt, Äpfel und
Nüsse zu vergolden«, lautet die eine; »Ich hatte mit eigener,
kunstfertiger Hand aus den mancherlei Kistchen, worinnen
wir von Köln Sachen erhalten, eine Puppenbettstelle und einen Konditorladen verfaßt, die beide ihresgleichen suchen«
und »Ich habe ein kostbares Theater verfertigt und alle alten
Effekten vom vorigen Jahr neu aufgeputzt«, besagen die
beiden anderen.
Wie anders klingt solche Sprache als die quälenden, oft herz-
zerreißenden Briefe, Tagebücher und Dokumente, die uns
Einblick in das Seelenleben manches der romantischen
Zeitgenossen *Lortzings* gewähren!
Mozartverehrung spricht dann vor allem aus dem vierten
Stück dieses Jahres; es führt auch einen dementsprechenden
Titel: »Szenen aus Mozarts Leben«. Die dem Salzburger
Meister am nächsten stehenden Personen agieren auf der
Bühne: neben ihm selbst die Gattin *Constanze,* die Schwä-
gerin (und einstige Angebetete) *Aloysia,* Wiener Sänger und
Musiker sowie der große Rivale *Salieri.* Der vergiftet allerdings hier *Mozart* nicht – wie er es im gleichzeitigen Drama
des Russen *Puschkin* tut –, sondern singt sogar Melodien
Mozarts. Beabsichtigte Parodie? Kaum. Das Textbuch ist
verlorengegangen, nur *Lortzings* Musik, die ja eben nicht
die seine, sondern die *Mozarts* ist, blieb erhalten und vermit-
telt uns durch die dazu gesungenen Worte ein Bild des kleinen, gutgemeinten Werkes, das übrigens das Rampenlicht
nie erblickt haben dürfte, da von einer Aufführung nichts
überliefert ist. *Mozarts* Musik vergoldet übrigens auch den

»Weihnachtsabend«; mit ein wenig gemischten Gefühlen
entdecken wir, daß da Arien aus »Don Giovanni« zur Schilderung hausbackenster Familienszenen verharmlost werden
und das Papageno-Papagena-Duett aus der »Zauberflöte«
bei der Gabenausteilung erklingt. Andere Zeiten, andere
Sitten.

Am 15. August 1832 eröffnete der früher erwähnte *Friedrich Sebald Ringelhardt,* der Familie *Lortzing* freundschaftlich zugetan, als neuer Direktor das Leipziger Stadttheater.
Er engagierte die Eltern *Lortzings* und einige Monate später
folgte ihnen der Sohn mit seiner Familie. Nun waren sie endlich wieder vereint und noch dazu in einer Stadt, die im Musikleben Europas eine hervorragende Rolle spielte. Hierfür
ließen sich viele Beweise anführen. Man brauchte nur in einer guten Biographie *Robert Schumanns* nachzulesen, der
hier Musik studierte, seine Zeitschrift gründete und im neu-
eröffneten Konservatorium, das der großartige Musiker
Mendelssohn leitete, Lehrer wurde. Zu den Ruhmestiteln
der Stadt gehört die Tatsache, daß sie *Beethovens* Sinfonien
nach den Wiener Uraufführungen sehr bald und als zweite
auf der Welt spielte; daß hier *Mendelssohn Bachs* »Matthäuspassion« aus hundertjährigem Vergessen erweckte; daß das
»Gewandhaus« zu den ältesten und berühmtesten Konzert-
sälen der Welt gehört, da sein Orchester bereits 1743 eine
sporadische, 1781 eine regelmäßige Tätigkeit begonnen hatte. Allerdings, wenn von Leipzigs musikalischen Glanz-
punkten die Rede ist, wird das Theater selten oder nie genannt. Zu den glanzvollen Opernstädten auf deutschspra-
chigem Boden gehörte es zu *Lortzings* Zeiten nicht. Und es
scheinen, wie aus seiner Biographie recht deutlich hervorgeht, auch wenig oder keine Verbindungen zwischen dem
Konzert- und dem Theaterleben existiert zu haben.

Lortzing fühlt sich zu Anfang in Leipzig fremd und nicht an-
gesprochen. Die Stadt selbst kommt ihm nach dem idyllischen und landschaftlich reizvolleren Detmold nichtssagend
vor; die nüchterne, geschäftige, handelsbewußte, vorwärts-
strebende Großstadt dünkte ihn kalt nach der kleinen, so
ungleich persönlicheren Residenz. Das Theater enttäuschte

ihn nicht weniger als dessen Publikum. Persönliches Unglück trat hinzu –, ein Töchterchen stirbt. Aber was bleibt anderes übrig, als sich in das Schicksal zu fügen, dessen Spielball zu sein *Lortzing* mehr als einmal das beklemmende Gefühl hatte?

Gastspiele in Weimar und Berlin bringen ihm ein wenig Abwechslung. Als Schauspieler findet er Beifall, als Sänger gehört selbst die Bemerkung eines preußischen Blattes, sein Gesang sei »nicht störend« gewesen, zu den ihn freundlicher beurteilenden Meinungen. Für sein eigenes Leipziger Theater schreibt er 1834 eine Gesangseinlage für die Rolle des Leim – die er selbst verkörpert – in *Nestroys* »Lumpacivagabundus«. Manches im Repertoire kommt aus Wien, das doch räumlich und noch mehr geistig und gefühlsmäßig weit, weit weg liegt oder zu liegen scheint. Gerade dort aber blühte das Genre, zu dem *Lortzing* sich am stärksten hingezogen fühlte; dort blühte ein dichterisch-musikalisches Volkstheater, dem Genies wie *Raimund* und *Nestroy* neue Nahrung zuführten, dort schlugen *Lanner* und Vater *Johann Strauß* mit dem neuen Walzer Brücken von der Volks- zur Bühnen-, ja zur Salon- und Kunstmusik. *Lortzing* nimmt manches von dem, was aus dem Süden, vom Donaustrand herüberweht, bewußt oder unbewußt auf; in seinen besten Werken – die bald einsetzen werden – gelingt ihm eine Verbindung zwischen allen deutschen Gauen, wobei der sinnenfreudigere Süden in den Schöpfungen des Berliners eine keineswegs untergeordnete Rolle spielen wird.

So wundert es uns nicht, daß unter den kleinen musikalischen Aufgaben, die *Lortzing* – neben dem Theaterspielen – in den ersten Leipziger Jahren beschäftigen, die Bearbeitung des Johann Straußschen »Elisabethen-Walzers« zu finden ist, dem er den bezeichnenden Text unterlegt: »Strauß! Dir tönt unser Lob! Könntest du es hören, wie wir dich ehren ...« Gelegenheitskompositionen entstehen auch für zwei Vereinigungen, denen er beitritt: der fröhlichen, aber auch gemeinnützigen »Tunnel-Gesellschaft« und der Freimaurerloge »Balduin zur Linde«, der er seit Ende 1834 angehört.

Sein Direktor betraut ihn nun immer öfter mit Aufgaben der Opernregie. Das ist zwar, verglichen mit späteren Zeiten, eine noch recht primitive Tätigkeit, die sich im wesentlichen auf die Auftritte der Sänger beschränkt, bei der aber ein feinfühligerer Theatermann, wie *Lortzing* es zweifellos schon war, ein klein wenig allgemeine Orientierung ins Spiel bringen konnte –, Zeitgefühl, Stilelemente. Vor allem aber lernte er, da die Stellung eines Spielleiters damals von selbst mit der eines heutigen »Dramaturgen« verbunden war, viele Werke kennen, um sie auf ihre Bühnenfähigkeit zu untersuchen. Das Repertoire bestand zwar, aus Angst vor Defiziten, die niemand zu decken bereit war, aus teilweise recht minderwertigen Possen; aber die Leitung versuchte doch, mit Hilfe von Klassikern und guten Neuerscheinungen das Niveau nicht zu tief absinken zu lassen. Das Personal konnte kaum Aufsehen erregen, ja in vielen Fällen erfüllte es nicht einmal die Anforderungen, die in anderen deutschen Städten oft bereits bemerkenswert gut erfüllt wurden. Theaterspielen ist – wie Kriegführen – eine Geldfrage. Und Subventionen der öffentlichen Hand waren damals noch etwas Unbekanntes oder nur bei Ausnahmefällen in Anspruch zu Nehmendes, etwa wenn einer Bühne durch festliche Aufführungen anläßlich eines hohen Besuches außergewöhnliche Kosten erwuchsen.

Wenn *Wagner* recht hatte, gegen die deutschen Opernzustände seiner Zeit wütend loszuziehen, um wieviel mehr Grund hätte *Lortzing* dazu besessen! Zeit seines Lebens fühlte er die erdrückende Übermacht der italienischen Schule und Künstler, denen gegenüber alles Deutsche in unbeachtetem Schatten stand. Er fand oft bittere Worte über diesen Zustand. Dabei schien er zu übersehen, daß die deutsche Opernkunst bis dahin nur auf vereinzelte Glanztaten verweisen konnte – auf *Mozart,* auf *Beethovens* »Fidelio«, auf *Spohrs* »Faust« und »Jessonda«, auf *E. T. A. Hoffmanns* »Undine«, auf *Holzbauers* »Günther von Schwarzburg«, auf *Winter, Marschner* und *Weber* – während Italien die Herrschaft des internationalen Opernlebens mit einer glänzenden Phalanx für sich beanspruchte: *Rossini, Donizetti, Belli-*

ni, *Spontini, Cherubini,* die auf *Paesiello* und *Cimarosa,* auf
Pergolesi und *Scarlatti,* auf *Monteverdi,* also mehrere Jahr-
hunderte Opernschaffen aufbauen konnte.

Lortzing ist, im Gegensatz zu seinem jüngeren Zeitgenossen
Richard Wagner, kein Theoretiker, der sich mit Überlegun-
gen zurechtlegt, wie diesem für den deutschen Künstler un-
befriedigenden Zustand ein Ende zu bereiten wäre. Er
schreibt auch keine Anklagen, wie *Wagner* es tut; er ist ein
Praktiker, der sich selbst für viel zu unbedeutend hält, um
Streitschriften zu publizieren. Es zieht ihn zur komischen
Oper, zur Spieloper. Er spürt, daß hier eine Lücke klafft. Die
Italiener haben ihre »Buffa«, die Franzosen ihre »Comi-
ques«, warum sollte Deutschland auf diesem Gebiet nicht
ein ebenbürtiges Gegengewicht zu schaffen suchen?

Eines Tages stößt er auf eine freie deutsche Bearbeitung des
französischen Lustspiels »Die beiden Grenadiere« von *Gu-
stave Cords,* die ihm alle Vorbedingungen zu einer amüsanten Spieloper zu vereinen scheint. Er geht an die Arbeit und
kann im Jahre 1836 seinem Direktor die komische Oper
»Die beiden Tornister« vorlegen. Sie dreht sich um die Ver-
wechslung zweier soldatischer Tornister, woraus eine Fülle
von Verwicklungen entsteht, da mit ihr gleichzeitig eine
Vertauschung von Persönlichkeiten und Schicksalen erfolgt.
Dem Direktor gefiel das Stück, aber der Titel nicht, den er in
»Die beiden Schützen« umwandelte. Unter diesem Namen
ging *Lortzings* erstes eigenständiges und abendfüllendes
musikalisches Bühnenwerk am 20. Februar 1837 über die
Szene des Leipziger Stadttheaters; äußerst erfolgreich, trotz
eines Textes, der uns heute nur noch im Zusammenhang mit
Lortzings Musik ansprechen kann. Hierin finden sich allerdings bereits viele Elemente, die sich von nun an in überra-
schender Geschwindigkeit entfalten sollten. Noch am gleichen Abend, der mit stürmischem Beifall und »Hervorru-
fen« endete (was damals eine ungewöhnliche Ehrung darstellte), äußerte *Lortzing* Wunsch und Absicht, sofort auf
der Bahn des Singspiels, der komischen Oper oder Spieloper
fortzufahren. Er hatte seinen Weg entdeckt.

Er wählte als nächstes Sujet einen Stoff, den er aus seiner

Kurt Böhme als van Bett
in einer Aufführung von »Zar und Zimmermann«
in der Bayerischen Staatsoper, München (November 1955)

schauspielerischen Tätigkeit gut kannte. Er hatte, wir erwähnten es, den französischen, eleganten, weltgewandten Gesandten Marquis de Chateauneuf im Lustspiel »Der Bürgermeister von Sardam« oft gespielt. Es handelte sich um ein französisches Stück der Autoren *Mélesville, Merle* und *Boirie,* das mehrfach ins Deutsche übersetzt worden war und in der Fassung von *Georg Christian Römer* auch diesseits des Rheins starken Anklang gefunden hatte. Hinter dem Namen *Mélesville* verbarg sich übrigens als Hauptautor *Jean-Ho-*

noré Duveyrier (1787–1861), der dem Kreis des berühmten Schriftstellers und Librettisten *Eugène Scribe* zuzurechnen ist. Rolle und Stück hatten *Lortzing* stets Erfolg gebracht. Er spürte, wieviel musikalisch dankbare Szenen es hier zu komponieren gab und sah die groteske Wirkung des singenden Bürgermeisters van Bett voraus, für den ihm schnell einige besonders gelungen klingende Scherze einfielen.

Van Bett ist sehr wahrscheinlich eine historische Figur. Bestimmt aber ist dies die zweite Hauptperson des Stückes, der Zar *Peter I.,* genannt »der Große«, der von 1672 bis 1725 lebte, 1682 gekrönt wurde und nach Ausschaltung seiner Mitregenten von 1689 bis zu seinem Tode Alleinherrscher von Rußland war. Sehr früh faßte er für sein Riesenreich weitgehende Reformpläne, deren schrittweise, aber äußerst zielbewußte Durchführung Rußland den Anschluß an Europa, ja eine Machtposition unter dessen Staaten brachte. Zu seinen Lieblingsideen, die von seinem Berater, dem in der Schweiz geborenen *General Lefort* unterstützt, vielleicht entwickelt wurden, gehörte der Bau einer bedeutenden Flotte sowie eines eisfreien Hafens, der zugleich Landeshauptstadt werden sollte. So entstand Petersburg, das an die Stelle der früheren Zentralpunkte Nowgorod und Moskau trat. Um diese entscheidende Eroberung der Meere selbst leiten zu können, entschloß *Peter I.* sich im Jahre 1697 zu seinem abenteuerlichen Schritt: Er reiste inkognito nach Holland, um auf einer dortigen Werft Handwerk und Aussichten des Schiffsbaus persönlich kennenzulernen. Mag diese Episode auch vielleicht zeitlich in der Biographie dieses Herrschers keinen ausgedehnten Platz einnehmen, so hat sie doch seit jeher die Erzähler oder dramatischen Schilderer seines Lebens besonders gereizt. Tatsächlich gibt es eine lange Reihe von Bühnenstücken, die *Peter* als Zimmermann in Holland zeigen; nur einige von ihnen seien hier genannt. Im Jahre 1780 komponierte der Kammermusiker des Herzogs von Gotha, *Christoph Gottlob Hempel* (1715–1801), ein fünfaktiges musikalisches Drama unter dem Titel »Peter der Große«. Am 13. Januar 1790 erklang in Paris die Oper »Pierre le Grand« des berühmten französischen Komponisten

Der Zar (ganz rechts) als Zimmermann auf einer holländischen Werft
Bühnenbild aus einer Aufführung in der Bayerischen Staatsoper,
Januar 1959: Max Röthlisberger

André Ernest Grétry zum ersten Male; die Aufführung soll
sich zu einer begeisterten Huldigung an das Herrscherpaar
Ludwig XVI. und *Marie Antoinette* gestaltet haben – ein
halbes Jahr nach dem Sturm auf die Bastille und drei Jahre
vor deren Hinrichtung durch die Guillotine, bei der ebenfalls
gejubelt wurde, nur daß es dann der andere Teil der Bevölkerung war, der seiner Freude Ausdruck gab. Oder doch
vielleicht, wenigstens teilweise, der gleiche?
Textdichter dieser *Grétry*-Oper war *Nicolas Bouilly* (über
den Näheres in unserem Band »Fidelio« [Nr. 33002] nachzulesen ist, da der Urtext der *Beethoven*-Oper von ihm
stammt). In »Pierre le Grand« verherrlicht er indirekt
Frankreichs Herrscherpaar, da er deutlich erkennbar *Ludwig* in eine Parallele zu *Peter dem Großen* setzt, der so se-
gensreich für sein Volk wirkte. Ob es wahr ist, daß *Marie Antoinette* dem Textdichter dafür ein wertvolles Geschenk
überreichte, das er wenige Jahre später den Revolutionären
»als Opfergabe« auslieferte, »zur Sühne dafür, daß er es
einst angenommen hatte«? Auch mit einem weiteren Bühnenstück rund um *Peter den Großen* befinden wir uns gewissermaßen noch in *Beethovens* Nähe: Anläßlich des Wiener
Kongresses wurde am 11. Dezember 1814 eine Oper »Die
Jugendjahre Peters des Großen« uraufgeführt. Der bei dieser Fürstenzusammenkunft eine bedeutende Rolle spielende Zar *Alexander I.* wohnte der Premiere bei; der Text
stammte von *Georg Friedrich Treitschke,* dem letzten und
erfolgreichsten Bearbeiter des »Fidelio«-Textes, die Musik
vom namhaften Wiener Singspielkomponisten *Josef Weigl*
(1766–1846), Autor der seinerzeit weitverbreiteten
»Schweizerfamilie« und, neben weiteren dreißig deutschen
und italienischen Bühnenstücken, einer in Mailands Scala
uraufgeführten »Cleopatra«.
Aus dem gleichen Jahre 1814 stammt eine dreiaktige Oper
»Frauenwerth oder Der Kaiser als Zimmermann«, deren
Musik und Text von *Carl August Freiherr von Lichtenstein*
stammt; unter dessen Leitung hatten die Eltern *Lortzings*
einst in Bamberg und Straßburg gewirkt, sowie er selbst
seine ersten Schritte als Kinderdarsteller auf der Bühne ge-

tan. *Lortzing* muß dieses Werk gekannt haben; denn sein »Zar und Zimmermann« weist mit keinem der Vorbilder eine größere Ähnlichkeit auf als mit diesem. Zehn Jahre später, 1824, komponiert der vor allem als Gesangspädagoge bekannte Italiener *Nicola Vaccai* (1790–1848) die in Parma uraufgeführte Oper »Pietro il Grande«, die 1827 in deutscher Übersetzung über die Dresdener Bühne ging.

In den unmittelbar folgenden Jahren häufen sich die Vertonungen dieses Stoffes. Im Zeitraum von 1827 bis 1829 erklingen in vier weit auseinander liegenden Städten Europas vier von ihnen: in Lissabon »Pietro il Grande« des seinerzeit berühmten *Saverio Mercadante* (1795–1870), in Neapel »Il borgomastro di Saardam« (Der Bürgermeister von Saardam) des bald in die vorderste Reihe der Opernschöpfer aufsteigenden *Gaetano Donizetti* (1797–1848), in London die Oper »Peter the Great« des Engländers *Tom C. Cooke* und in Paris »Pierre et Cathérine« des überaus erfolgreichen *Adolphe Adam* (1803–1856), Autor des »Postillon von Lonjumeau«, des Balletts »Giselle« und mancher anderer bis heute gespielter Werke.

Den gleichen Text von *Jules-Henri Vernoy de Saint-Georges* (der Libretti für *Adam, Auber, Bizet, Donizetti, Flotow, Halévy* und viele andere schrieb) vertonte wenig später der »Martha«-Komponist *Friedrich von Flotow* (1812–1883); unter dem Titel »Peter und Kathinka« kam seine Lustspieloper in Schwerin (Mecklenburg) am 28. März 1835 zum ersten Erklingen.

So reiht sich also *Lortzings* »Zar und Zimmermann« in eine dichte Kette ähnlicher oder fast gleicher Zarenopern, aus der allerdings heute nur noch die seine am Leben ist. Er bildet auch keineswegs das Endglied dieser Reihe. 1852 führt der Franzose *Louis Antoine Julien* (1812–1860) einen italienisch komponierten »Pietro il Grande« in London auf. Schade, daß hier keine Gelegenheit ist, uns über diese krasse Außenseiterfigur der Musikgeschichte zu verbreiten: Er war ein rettungsloser Bohemien, Musikalienhändler, Opernunternehmer, Komponist, in allem gestrandet, im Wahnsinn geendet, eine Romangestalt, wie sie der Phantasie *E. T. A*

Hoffmanns entsprungen sein könnte. Und schließlich sei des auf seinem Weltruhm angelangten *Giacomo Meyerbeer* (1791–1864) gedacht, dessen »Etoile du Nord« (Nordstern) 1854 in Paris erklang; auch darin wird eine Episode aus dem Leben des Zaren *Peter I.* auf die Bühne gebracht, wobei der auf *Bouilly* zurückgehende Text von *Scribe* bearbeitet wurde.

Ist die Zahl der sich um *Peter den Großen* rankenden Opern groß, so dürfte die der ihn in den Mittelpunkt stellenden Theaterstücke noch um einiges größer sein. Für *Lortzing* bedeutend wurde vor allem, wie gesagt, die deutsche Übersetzung des »Bourgmestre de Sardam« von *Mélesville (Duveyrier), Merle* und *Boirie.* Zuerst spielte er jahrelang eine Rolle darin, dann begann er die Bearbeitung des Stoffes für die Spieloper, die zwar textlich zum Teil wörtlich dem Vorbild entnommen ist, aber musikalisch völlig und ausnahmslos seiner eigenen Phantasie entspringen wird.

Besitzt es irgendeine Bedeutung festzustellen, was an *Lortzings* Oper »historisch« ist und was dichterische Zutat? Kaum. Was hat das Opernschaffen nicht alles an Geschichtsverfälschung auf dem Gewissen! *Verdi* und *Tschaikowsky* lassen – darin allerdings *Schiller* folgend! – *Jeannne d'Arc,* die »Jungfrau von Orleans«, auf dem Schlachtfeld sterben, anstatt auf dem historischen Scheiterhaufen in der Stadt Rouen; *Verdis* »Don Carlos« ist – und wieder ist *Schiller* der eigentliche »Schuldige« – ein jugendlicher Held und Idealist anstelle des seelischen, geistigen und körperlichen Krüppels, der er wirklich war. Die Liste ließe sich ohne große Mühe beliebig verlängern. Ob und wieweit das Bild, das *Lortzing* und vor ihm so viele andere – von *Peter dem Großen* entwirft, der geschichtlichen Wahrheit entspricht, besitzt für den Opernfreund keine Bedeutung. Es handelt sich ja auch um kaum mehr als eine kurze Episode im Leben des Herrschers, die ein wenig nach Belieben und Publikumswirksamkeit auszuschmücken dem Autor niemand verübeln wird.

Doch wie war dieser historisch so wichtige Zar in »Wirklichkeit«? Lesen wir darüber in einem modernen Geschichts-

werk nach[1]): »Rußland besaß in Peter dem Großen seinen
Mann des Schicksals ... Hier war nun ein ganz barbarisches,
asiatisches Land, ohne inneren Zusammenhang, ohne Ge-
werbe, ohne wesentliches Kapital, mit primitivem Tausch-
handel, naturalwirtschaftlich gebunden und dabei ganz
glücklich, ein Land fast ohne Straßen, mit nur gelegentli-
chem, fast abenteuerlichem Verkehr, aber freilich mit einer
unabschätzbaren Reserve von Schätzen der Natur, auf dem
Boden und im Boden. Der Herrscher dieses rohen, wilden,
in patriarchalischen Bräuchen dahinlebenden Russenvolkes
verfügt kaum über Geldeinkünfte, er besaß keinerlei
brauchbaren Apparat, um die vorhandenen Kräfte des Landes für die Allgemeinheit nutzbar zu machen. Es war eine
einzigartige Lage für eine bedeutende Persönlichkeit. Europa, der Westen, war vor der Tür. Wenn sich Rußland nicht
mit den Waffen und Kenntnissen des Westens versah, dann
konnte es das Opfer der westlichen Expansion werden ...
Peters Weg war der einzig mögliche, auf dem Rußland zu einer europäischen Großmacht werden konnte, und nur als
europäische Großmacht war Rußland später in der Lage,
den Weg zurückzufinden und nun eine asiatische Großmacht zu werden. Peter ist ja persönlich immer ein echter
Russe geblieben, vielleicht nicht vom Standpunkt später ge-
borener romantischer Panslawisten, wohl aber dem eigenen
Geist und Geschmack nach. Er war gewaltig an Begabung
und in seinen Lastern – ein maßloser Trinker, jeder Zuchtlo-
sigkeit frönend, viehisch in seiner Rachsucht und Grausam-
keit. Die Leute des Volkes liebte er und tobte sich mit ihnen
aus. Erstaunlich war sein angeborener Sinn für Technik und
Mathematik. Daß gerade darauf die neue rationalistische
Aufmachung westlicher Heeres- und Flottenausrüstungen
beruhte, durchschaute er nicht nur – er war vielmehr ganz
persönlich imstande, zu helfen und zu schaffen. Er lernte,
wie man ein Schiff baut, wie man eine Kanone gießt, wie man
einen Kupferstich macht und wie man einen Menschen ana-

[1]) Veit Valentin, Weltgeschichte, Droemersche Verlagsanstalt Th. Knaur Nachf. 1959.

tomisch untersucht. Auch am Foltern beteiligte er sich ei-
genhändig. Rußlands Drang zu einer brauchbaren Küste – er
hat dieses elementare Bedürfnis eines im Kontinentalen er-
stickenden Staatsgebildes als erster erkannt und danach ge-
handelt ... Die neue Hauptstadt Sankt Petersburg sollte das
weit geöffnete Fenster nach dem Westen werden – eine See-
stadt am Rande des Reiches, eine künstliche Bildung in allem: in der Bauweise, in dem Mischmasch der Bevölkerung,
die ein Abschaum war von Abenteurern aller Nachbargebie-
te, von Flüchtlingen, Leibeigenen, Matrosen und Bandi-
ten ... Alles das geschah mit Hast und Gewaltsamkeit, die
Ergebnisse waren gewiß oft oberflächlich, oft sinnlos oder
gar komisch, der Mangel an Begabung für Technisches und
Kalkulatorisches im Russentum wirkte als unerwartetes und
kaum überwindbares Hindernis. Sehr viel Großes bleibt. Peter wollte aus ganzer, impulsiver Kraft heraus eine mächtige
Zukunft für sein Land. Sein Lehrmeister war dabei der Krieg
mit Schweden, Unheil und Enttäuschungen stachelten ihn
an zu immer erneuter Anstrengung. Er besaß weder Klarheit
noch Ruhe noch Maß. Gerade nach den Begriffen des Westens, den er so bewunderte und umwarb, blieb er ein lau-
nenhafter Despot, ein unberechenbarer Barbar, der selbst
feige sein konnte, wenn die Nerven versagten. Er war eben
das slawisch-tartarische Genie ...«
Eine solche Persönlichkeit als Hauptgestalt einer Spieloper?
Um sie mit wahren, naturalistischen Zügen zu malen, hätte
die Musikgeschichte wohl um ein paar Jahrzehnte weiter
sein müssen: Es wäre ein Thema für *Mussorgski* gewesen, der
in seinem »Boris Godunow« eine *Peter* recht verwandte Natur auf die Opernbühne brachte. In den dreißiger Jahren des
romantischen Jahrhunderts, und ganz besonders im volkstümlichen Singspiel, konnte man tiefenpsychologische Figu-
renzeichnung ebensowenig verlangen wie naturalistische
Massenszenen. Müßig ist es daher, untersuchen zu wollen,
wieweit *Lortzing* – oder einer seiner Vorgänger und Zeitgenossen – einem eigentlich so gewaltigen Stoff gerecht wurde,
gerecht werden konnte. In »Zar und Zimmermann« schuf
sein Autor ein vergnügliches Spiel, in das nur hier und dort

Anspielungen auf größere Zusammenhänge eingebaut sind. Sie könnten darauf hinweisen, daß *Lortzing* sich der Dimensionen seiner Zarengestalt wohl bewußt war. Aber er wollte den modernen Staatengründer, den Visionär der gewaltigen Zukunft seines Volkes nur vom Rande her zeigen: Der paßte nicht in sein Singspiel-Konzept, nicht in die vergnügliche Geschichte, die zu dichten und zu musizieren es hier galt und die soviel Komik vom anderen Pol her empfing: vom urdrolligen Bürgermeister, der sich für »klug und weise« hält und genau das Gegenteil davon ist . . .

Im August 1697, also 27jährig, reiste der historische Zar *Peter* – damals noch nicht »der Große« genannt, ein Titel, den der von ihm eingesetzte Senat ihm erst später verlieh und den die Welt akzeptierte – nach Holland, um bei dieser kühnen Seefahrernation, die zudem zivilisatorisch und politisch zu den fortgeschrittensten der damaligen Welt gehörte, praktische Kenntnisse für den Schiffsbau zu erwerben. Natürlich reist er nicht unter seinem Namen. Er nahm, wie es in ähnlichen Fällen üblich ist, ein Inkognito an, das – wie ebenfalls üblich – nur teilweise geheimgehalten werden konnte. Er trat im kleinen Zaandam als Zimmermann in die Werft eines Mynheer *Kalf* ein, wo er sich anscheinend *Peter Michaelow* oder *Michailow* nannte. Sein Arbeitgeber bemerkte bald, daß es mit seinem neuen Zimmermann eine besondere Bewandtnis haben mußte, denn Leute der »großmoskowitischen« Gesandtschaft in Amsterdam interessierten sich ein wenig zu auffallend für ihn und einige andere, offenkundig weniger bedeutende »Zimmerleute«, die gemeinsam mit jenem Dienst gesucht hatten. Daß es allerdings der Zar persönlich sein könnte, ahnte er nicht. Trotzdem entstand um den sicherlich interessanten Fremdling eine gewisse Neugier und Erregung, wie es im kleinen Zaandam kaum anders zu erwarten war. *Peter* zog daraufhin schon nach einigen Tagen vor, in die Großstadt Amsterdam zu ziehen, um seinen nautischen Studien ungestört nachgehen zu können.

In Amsterdam weilte *Zar Peter* vom 30. August 1697 bis zum 15. Januar 1698. Wir besitzen darüber ein Zeugnis des »Meisters«, das wir unseren Lesern nicht vorenthalten wollen. Es ist natürlich original in holländischer Sprache und im Stil jener Zeit abgefaßt. Hat sein Verfasser die Identität dieses seines sicherlich illustresten Zimmermanns-Lehrlings gekannt oder, auch er, nur geahnt, daß es sich um eine ungewöhnliche, höhergestellte Persönlichkeit handeln müsse? Er schrieb:

»Ich, der unterzeichnete Gerrit Claesz Pool, Meister-Schiffszimmermann der privilegierten Ostindischen Kompagnie zu Amsterdam, bescheinige und bezeuge als die Wahrheit, daß Peter Michaeloff (zum Gefolge der großmoskowitischen Gesandtschaft gehörig und einer von denen, die hier in Amsterdam auf der ostindischen Schiffszimmerwerft vom 30. August 1697 bis heute gewohnt und unter unserer Aufsicht gezimmert haben) sich während der Zeit seines gnädigen Aufenthaltes hier als ein fleißiger und tüchtiger Zimmermann benommen hat, als da ist im ›Rauharbeiten‹, Stoßhölzeranlegen, Abkrabben, Bröwen, Hobeln, Einfügen, Behauen, Abschlichten, Bohren, Sägen, Planken- und Stoßhölzerbrennen‹ und was einem guten und vortrefflichen Zimmermann zu tun zukommt. Er hat eine Fregatte, ›Peter und Paul‹, über hundert Fuß lang, von Anfang ab (am Vordersteven und am Steuerbord) bis sie beinahe fertig war, machen geholfen; nicht allein das, sondern er ist durch mich überdies noch in der Schiffsarchitektur und Zeichenkunst vollkommen unterwiesen worden, so daß er, soweit dies unserer Meinung nach geschehen kann, dieselben von Grund auf versteht. Zum Zeugnis der Wahrheit habe ich dies mit eigener Hand unterschrieben. So geschehen in Amsterdam, unserem Wohnsitz, auf der Ostindischen Werft, am 15. Januar im Jahre des Herrn 1698.«

Lortzing ging mit Feuereifer an seine neue Oper. Der Erfolg der »beiden Schützen« und der vergnügliche neue Stoff, der ihm eine Fülle musikalischer Einfälle brachte, beflügelten ihn gleichermaßen. Und nur zehn Monate nach seiner ersten abendfüllenden Lustspieloper fand im Leipziger Stadttheater am 22. Dezember 1837 die Uraufführung von »Zar und Zimmermann« – »Czar und Zimmermann« in der alten Orthographie – statt. Der Erfolg war, wie man zu sagen pflegt,

Theater der Stadt Leipzig.

Freitag, den 22. December 1837.

Zum erstenmale:

Czaar und Zimmermann,

oder:

Die zwei Peter.

Komische Oper in 3 Akten.

Musik von G. A. Lorzing.

Personen:

Peter I., Czaar von Rußland, unter dem Namen: Peter Michaelow, Zimmergeselle.	Herr Richter.
Peter Iwanow, ein junger Russe, Zimmergeselle.	Herr Lorzing.
Van Bett, Bürgermeister in Saardam.	Herr Berthold.
Marie, seine Nichte.	Dlle. Günther.
General Lefort, russischer Gesandter.	Herr Pögner.
Lord Syndham, englischer Gesandter.	Herr Becker.
Marquis von Chateauneuf, französischer Gesandter.	Herr Swoboda.
Wittwe Browe, Zimmermeisterin.	Mad. Lorzing.
Ein Officier.	Herr Linke.
Ein Gerichtsdiener.	Herr Heinrich.
Zimmerleute.	
Braut und Bräutigam. Hochzeitsgäste.	
Einwohner von Saardam.	
Holländische Soldaten.	
Magistratspersonen. Matrosen.	

Die Handlung ist in Saardam im Jahre 1698.

Der Text der Gesänge ist an der Kasse für 4 Groschen zu haben.

39. Abonnementsvorstellung.

Preise der Plätze:

Parterre: 8 Groschen. Parket 16 Groschen.
Logen des Parterres: Ein einzelner Platz 16 Groschen.
Logen des Ersten Ranges: Ein einzelner Platz 16 Groschen.
Fremdenloge No. 25. 16 Groschen. Ein gesperrter Sitz daselbst 1 Thaler.
Logen des zweiten Ranges: Ein einzelner Platz 12 Groschen.
Erste Gallerie: 12 Groschen. Ein gesperrter Sitz daselbst 16 Groschen.
Zweite Gallerie: 8 Groschen. Ein gesperrter Sitz daselbst 12 Groschen.
Dritte Gallerie: Mittelplatz 6 Groschen: Seitenplatz 4 Groschen.

Anfang um 6 Uhr.   Ende gegen 9 Uhr.

Einlaß um 5 Uhr.

Das Programm der Leipziger Uraufführung

»freundlich«, mehr nicht. Von der schnellen und tief ins Volkstümliche reichenden Verbreitung dieses Werkes war an diesem ersten Abend noch nichts zu ahnen.

Ungefähr drei Wochen später verschickt *Lortzing* an die »Verehrten Bühnen-Directionen Deutschlands« folgendes Anerbieten: »›Czar und Zimmermann‹, komische Oper in 3 Acten. Musik von Albert Lortzing. Die Oper wurde auf dem hiesigen Stadttheater zu wiederholten Malen mit entschiedenem Beifall gegeben, und ist diese, wie meine dreiactige komische Oper ›Die beiden Schützen‹, auf rechtmäßigem Wege nur durch mich selbst zu beziehen. Leipzig, den 16. Januar 1838. Albert Lortzing, Mitglied und Opernregisseur des h.[1]) Stadttheaters.«

Am 23. Juni des gleichen Jahres schickt *Lortzing* dann ein Paket an die General-Intendanz des Königlichen Hoftheaters in Berlin, »enthaltend geschriebene und gestochene Musikalien: valor 24 Taler«. Er begleitet die Sendung mit folgendem Schreiben: »Hiermit erlaube ich mir, einer hochgeehrten Hoftheater-Intendanz meine, hier mit wiederholtem Beifall oft gegebene Oper ›Czar und Zimmermann‹ ganz ergebenst einzureichen mit der höflichen Bitte, nach gütigst genommener Durchsicht zu bestimmen, ob ich mir schmeicheln dürfe, die Oper auf der Königl. Hofbühne zur Aufführung gebracht zu sehen, in dieser höchst schmeichelhaften Hoffnung mit ausgezeichneter Hochachtung einer Königl. General-Intendantur ganz ergebenster Albert Lortzing, Regisseur der h. Oper.«

Das »Anerbieten« hatte Erfolg. Die Berliner Königliche Oper – deren schönes Gebäude, 1741 »Unter den Linden« errichtet, der Vollendung des ersten Jahrhunderts seit Bestehen entgegensah – trat einer Aufführung näher. Und hier ging, Anfang Januar 1839, der »Stern« dieser *Lortzing*-Oper auf. Das Publikum der preußischen Hauptstadt, die zudem *Lortzings* Geburtsstadt war, besaß anscheinend eine besondere Vorliebe und ein sicheres Gespür für echte Volkstümlichkeit auf der Musikbühne. Im Jahre 1821 hatte es

[1]) hiesigen.

Webers »Freischütz« richtig erkannt, und nun öffnete es *Lortzing,* bis dahin ein bescheidener »Provinzkomponist«, die Pforten zum nationalen Ruhm. Es erkannte, daß hier eine echte Volksoper das Licht der Welt erblickt hatte. Wenige Städte waren damals so geneigt, gleichzeitig die Stars der italienischen Oper und die herzwärmenden Melodien des deutschen Singspiels mit gleicher Begeisterung aufzunehmen.

Nun strahlte »Zar und Zimmermann« auf zahllose deutsche Bühnen aus. Nicht alle erwarben die Aufführungsrechte »auf rechtmäßigem Wege«, wie *Lortzing* in seinem »Anerbieten« erwähnt hatte. Es war damals in allen Ländern durchaus üblich, durch Abschreiben von Stimmen unentgeltlich Werke lebender Komponisten aufzuführen. Aber auch bei jenen Bühnen, die die Rechte von *Lortzing* selbst erwarben, lagen die Beträge, die sie dafür auslegten, so niedrig, daß der große Erfolg seine Finanzen nur unwesentlich aufbessern konnte. Von einer Beteiligung an den Einnahmen, wie sie heute überall selbstverständlich ist, konnte zu jener Zeit – und noch viele Jahrzehnte lang – keine Rede sein.

Der Erfolg hingegen war nun durchschlagend. Das angesehene Berliner Blatt »Der Freimüthige« brachte eine glänzende Besprechung aus der Feder von *Adolf Glaßbrenner,* dem *Lortzing* am 13. Januar 1839 mit diesen Worten dankt:

»Lieber Bruder! Du beschämst mich in der Tat – so viel Lob, als Du über mich und mein Opus ausschüttest, verdient es nicht. – Wenn verständige Leute einen so lobhudeln, was soll man denn von unverständigen erwarten? Aber Du bist sehr gütig, und ich danke Dir von Herzen. Ernsthaft: der Erfolg meiner Oper hat mich überrascht. Ich rechnete auf freundliche Nachsicht meiner lieben Landsleute und infolge deren auf eine bescheidene, freundliche Aufnahme, aber diesen brillanten Erfolg hätt ich mir nicht träumen lassen – ist mir übrigens äußerst angenehm. Meine Landsleute haben Geschmack – wie findest Du diese bescheidene Wendung? Gebe der liebe Gott, daß Du wahr redest in Bezug auf das:

»Spiel auf dem See«:
eine Aufführung der Bregenzer
Festspiele (1967)

daß, was die Berliner gut finden, bald durch die Welt kommt . . .«
Glaßbrenner hatte wenigstens teilweise recht: Deutschland erschloß sich *Lortzing* nun in ungeheurer Geschwindigkeit. Schon im darauffolgenden Jahr 1840 ging »Zar und Zimmermann« über nicht weniger als achtzehn Bühnen. Breslau konnte, ja mußte das Werk 38mal in einer einzigen Spielzeit geben. Die »Allgemeine Musikalische Zeitung« in Leipzig – vom damals namhaften Schriftsteller *Johann Friedrich Rochlitz* 1798 gegründet und bis 1848 wöchentlich herausgegeben, nicht zu verwechseln mit der von *Schumann* ebenfalls in Leipzig gegründeten und redigierten »Neuen Zeitschrift für Musik«, die 1834 ins Leben trat – gibt uns Kunde von einer Veranstaltung, die im November 1841 im Berliner Königlichen Opernhause stattfand. Hier wurden »die Fortschritte der dramatischen Musik der letzten 100 Jahre« in Beispielen vorgeführt, und für die Gegenwart hatte man die innerhalb weniger Jahre äußerst bekannt gewordene »Kantatenszene« aus »Zar und Zimmermann« gewählt, in der Bürgermeister van Bett mit einem Chor in komischster Weise die Huldigungsmusik für den von ihm »entdeckten« Zaren einstudiert, der allerdings, wie sich bald herausstellt, nicht der richtige ist.

Hier und da gab es auch Schwierigkeiten. Die konnten etwa von der Zensur kommen. So in Riga (das ein gutes deutsches Theater besaß, an dem Richard Wagner von 1837–39 Kapellmeister war), wo die Gestalt eines Zaren nicht auf der Bühne erscheinen durfte. So verwandelte sich *Peter der Große* in den römisch-deutschen *Kaiser Maximilian I.* (1459–1519), der sich dementsprechend statt »Peter Michailow« hier »Max Starnberger« nannte, unter welchem Pseudonym er als Schiffbau-Geselle nicht in Amsterdam oder Saardam arbeitete, sondern in Antwerpen. *Lortzing* selbst berichtet darüber seinem Freund *Philipp Reger* am 28. September 1840: ». . . Der Czar ist in Rußland mit anderer Bearbeitung gegeben worden. Engelken hat den ›Brautzug Kaiser Maximilians nach Gent‹ benutzt. Statt Rußland wird ›Deutschland‹, anstatt ›Czar‹ ›Fürst‹ gesagt, und die

Namen der Gesandten mußten verändert werden, das Ganze spielt in Antwerpen: so hat er der Zensur Genüge geleistet und die Oper hat Furore gemacht . . .« In dieser Form kam es dann, wenige Jahre später, auch zu Aufführungen im Deutschen Theater zu Petersburg. Darüber gibt es einen – peinlichen – Briefwechsel zwischen Autor und Direktor, in dem dieser mitteilt, daß *Lortzings* Bitte um ein Honorar nicht Genüge geleistet werden könne, da ausländische Werke in Rußland nie honoriert würden . . .

Lortzing-Biograph *Hans Christoph Worbs*[1]) bietet einen Überblick über die Verbreitung des »Zar und Zimmermann« jenseits der deutschen Sprachgrenzen. Er erwähnt Aufführungen in Prag (1841), Christiania, dem heutigen Oslo (1842), Stockholm (1843), Budapest (1848), Straßburg (1860), Brüssel (1867). Es blieb bei vorübergehenden Erfolgen, bei verhältnismäßig kurzen Aufführungsserien. Eine wichtige Frage taucht auf: Welche Widerstände, stärker als die Zensur, müssen da am Werk gewesen sein? Warum sind des deutschen Lieblings *Lortzing* Werke niemals auf fremdsprachigen, internationalen Opernbühnen heimisch geworden? Während die guten italienischen Buffo-Opern sich des breitesten Erfolgs in der ganzen Welt erfreuen, während zahlreiche französische komische Opern überall ihr Publikum finden und einige slawische Werke ähnlichen Genres immer wieder auf den Spielplänen aller Länder auftauchen, muß *Lortzing* zwar als volkstümlichster Opernschöpfer innerhalb seiner Sprachgrenzen gelten, aber als unbekannter Komponist im internationalen Rahmen. Wenn wir nach Parallelen suchen, ließe sich nur die spanische Zarzuela anführen, das heitere, singspielhafte Genre der iberischen Halbinsel; es hat, selbst mit seinen unbestrittenen Meisterwerken, niemals endgültig den Pyrenäenwall überwinden können. Sicherlich weil es zu »spanisch« ist, weil seine Stoffe zu einseitig dem Volksleben entnommen, seine Schauplätze nur in den Einheimischen sentimentale Gefühle hervorzurufen imstande sind. Aber *Lortzing?* Ist er zu

[1]) »Lortzing«, Rowohlts Monographien, Reinbek, 1960.

»deutsch«? Ist seine Komik oder gar seine Musik wirklich
national begrenzt, dem Publikum anderer Völker zu fremd?
»Zar und Zimmermann« spielt nicht in Deutschland, sondern in Holland; in diesem Spiel stehen zwei Russen, ein
Engländer, ein Franzose und viele Holländer auf der Bühne,
kein einziger Deutscher. Ist das Werk trotzdem zu
»deutsch«? Aber: Der mindestens ebenso deutsche *Wagner*
wird in der ganzen Welt gespielt, und dessen Sprache ist – im
Gegensatz zu der *Lortzings*– nahezu unübersetzbar. Auch
Webers »Freischütz« hat die internationalen Bühnen er-
obert, ganz zu schweigen von »Fidelio« und der »Zauberflöte«. Was spricht also gegen *Lortzing*, was insbesondere gegen »Zar und Zimmermann«?

Vielleicht stand dieses internationale Schicksal der Oper auf
des Messers Schneide, als gegen Ende 1849 eine Anfrage
aus London bei *Lortzing* eintraf. Die Verhandlungen schrei-
ten schnell fort. Am 4. März 1850 berichtet der Dichter-
Komponist mit fühlbarer Freude seinem Freunde *Philipp
Reger,* der ihm zu einer Reise nach Paris geraten hat:

». . . Nächsten Monat (April) gehe ich – staune! – nach London, wo ich infolge einer Einladung des Dir. Lumley meinen
Czar bei der italienischen Oper in Scene setzen werde. Für
die Oper selbst erhalte ich leider nichts, da das Recht des
Autors im liebenswürdigen freien England keinen Wert hat.
Herr Lumley entschädigt mich nur für Reise und Aufenthalt
und hat mir den Vorteil in Aussicht gestellt, welcher mir
durch den Verkauf des Klavierauszugs an einen dortigen
Verleger (mir von meinem hiesigen großmütig bewilligt) er-
blüht. Gefällt die Oper, was sich auf dem Theater der Köni-
gin und von den ersten Künstlern (Lablache – van Bett) dargestellt, wohl erwarten läßt, so habe ich noch den Vorteil, sie
an andere italienische Bühnen verkaufen zu können, da der
Dir. Lumley mir die italienische Übersetzung zur freien
Disposition gestellt hat. Vielleicht läßt sich auch noch manches andere Geschäftchen abmachen, wenn ich erst einmal
mit Alberten und Viktorien[1]) intim geworden bin; jeden-

---

[1]) Humorvolle Anspielung auf das englische Königspaar.

falls ist die ganze Spekulation, wenn ich nicht ersaufe oder
von Walfischen gefressen werde, für mich von Vorteil . . .«
Eingerahmt wird dieser optimistische Absatz allerdings von
zwei bedeutend weniger erfreulichen: Ihm geht eine Schilderung von *Lortzings* augenblicklicher (und ständiger) Notlage
voraus, mit der Andeutung, daß er »ein Darlehen von drei –
vierhundert Talern von unseren beiderseitigen Gönnern in
Frankfurt . . . unbedingt und freudig« annehmen würde; und
auf die Schilderung des englischen Plans folgt: »Von dort
glücklich retourniert, werde ich wahrscheinlich ein Engagement in Berlin beim neuen Friedrich-Wilhelmstädtischen
Theater annehmen . . . Die mir gebotene Gage ist – entsetzlich . . .«
Die italienische Oper in London hat also dem »deutschen
Komponisten« *Albert Lortzing* das Angebot gemacht, seinen »Zar und Zimmermann« aufzuführen. Noch dazu mit
einer Weltstar-Besetzung: *Luigi Lablache* war der berühmteste Bassist seiner Zeit, ein Franzose mit italienischer Mutter. Er lebte von 1794 bis 1858, was also zur Zeit, da er die
Rolle des van Bett singen sollte, 56 Jahre alt und, soweit wir
wissen, auf dem Höhepunkt seiner glanzvollen, in den größten Theatern der Welt bejubelten Laufbahn. Ihm zur Seite
hätte eine der größten Sopranistinnen in der Rolle der Marie
stehen sollen: *Henriette Sontag*. Die gebürtige Koblenzerin
sang, 17jährig, *Webers* erste Euryanthe, ein Jahr später das
Sopransolo in der Uraufführung von *Beethovens* neunter
Sinfonie, 1826 versetzte sie Paris in Raserei – da war sie
zwanzigjährig. 1830 trat sie, 24jährig, von der Bühne ab, um
durch Heirat *Gräfin Rossi* zu werden. Als das Ehepaar bei
den revolutionären Wirren 1848/49 Stellung und Vermögen
verlor, kehrte *Henriette* zur Bühne zurück, und ein neues
»Sontags-Fieber« (so sagte man damals) überfiel ganz Europa und sogar die Neue Welt, wohin sie reiste und wo sie
– 1855 in Mexiko – starb. Auch ihr Name hätte 1850 in London genügt, um das Theater des Herrn Direktor *Lumley* all-
abendlich zu füllen. *Lortzing* stand an der Schwelle seines
Glücks, seines Welterfolgs und damit eines Vermögens.
Es war ihm nicht bestimmt. Hatte er einen Fehler begangen,

als er dem Londoner Theater einen Termin setzte, oder war es ganz einfach in den Sternen so bestimmt? Am 30. April 1850 schreibt er seinem Schwiegersohn in Wien: ». . . Meine Londoner Spekulation ist zu Wasser geworden. Entweder ist ein Hindernis eingetreten, obwohl die Oper bereits angekündigt war mit: Lablache = van Bett, Sontag = Marie etc. etc., oder die Vorstellung ist soweit hinausgeschoben, daß man mich nicht mehr erwartet, indem ich schrieb, die Sache müsse bis Ende April abgemacht sein. Schade! Schade! . . .«

»Zar und Zimmermann« war weit hinausgeschoben: Er erklang in London erst im Jahre 1871. Da war der Autor bereits seit 20 Jahren tot. Der Umschwung in seinen traurigen Lebensverhältnissen trat nicht ein. Elend und Sorgen begleiteten ihn bis zum Grabe.

Wäre »Zar und Zimmermann« internationales Repertoirestück geworden, wenn *Lablache* und *Henriette Sontag* diese Oper 1850 in London gesungen hätten? Wer vermöchte das zu sagen? Es ist auch müßig, darüber Spekulationen anstellen zu wollen, mit Ausnahme vielleicht von dieser: Könnten heute zwei oder drei internationale Starsänger *Lortzings* Zaren-Oper zu jenem Weltruhm verhelfen, der ihr immer noch fehlt?

»Zar und Zimmermann« bedeutet nicht nur einen unterhaltsamen Theaterabend, obwohl auch das schon etwas bedeutete. Hier steht eine hervorragend »gekonnte« komische oder Spieloper vor uns; und, ohne auf tiefere Begründungen dieses Phänomens eingehen zu wollen, sei doch betont, daß dieses Genre zu den schwierigsten von allen zählt. Im Repertoire unserer Opernbühnen stehen viel mehr dramatische, tragische Werke als komische. Humor ist in der Musik schwerer einzufangen als Schwermut, Lachen schwerer als Weinen. Oder veraltet die Komik schneller als die Tragik? *Lortzings* Humor ist nicht veraltet. Sein Witz, seine Einfälle, durchwegs mit glänzender Technik präsentiert, leben in leichter, eingänglicher, volksnaher Melodik. Die unwiderstehliche Komik vieler seiner Figuren – hier der »Bombenrolle« des Bürgermeisters van Bett – kann, richtig aufgefaßt, nie in provinziellen Possenklamauk ausarten. Wie ernst man diese Oper nehmen kann, bewies der bedeutende Regisseur *Walter Felsenstein,* der sie 1952 auf die Bühne seiner Berliner Komischen Oper brachte und dabei ein wenig »aktualisierte«. Es versteht sich, daß ein Werk in über hundert Jahren Bühnenleben bei mancher Textwendung ein wenig Staub ansetzen kann. Zudem sind die geistigen Ansprüche seit *Lortzings* Tagen außerordentlich gewachsen, und man begegnet vor allem historischen Gestalten auf dem Theater mit anderen Erwartungen als damals. Gerade diese »Modernisierung« bewies die Lebensfähigkeit von »Zar und Zimmermann«. Bei einem schwächeren, überholten, veralteten, substanzloseren Werk wäre sie sinnlos gewesen.

Viele Einwände sind seit jeher gegen dieses Stück vorgebracht worden. Viele davon richteten sich gegen das sogenannte »Zarenlied«, das mit den so bekannt gewordenen Worten »Sonst spielt' ich mit Szepter, mit Krone und Stern« beginnt. Man suchte sogar zu beweisen, daß es gar nicht von *Lortzing* stamme, den man von einer so »kitschigen« Schöpfung freisprechen wollte. Heute gilt als erwiesen – *Helmut Laue* hat den Nachweis geführt –, daß *Lortzing* doch der Dichter wie der Komponist dieses gleich nach seiner Uraufführung zum »Schlager« gewordenen Stückes ist. Der »alte Lobe«, wie man ihn zu seiner Zeit gerne nannte, der Flötist und Bratschist im Weimarer Orchester war, sowie Theoretiker, Professor und Redakteur der von *Breitkopf und Härtel* herausgegebenen »Allgemeinen Musikzeitung«, und der von 1797 bis 1881 lebte, hat in seinen Erinnerungen den Inhalt eines gelegentlichen Gesprächs mit *Lortzing* wiedergegeben – der schon lange tot war – und das in Bezug auf das Zarenlied folgendermaßen lautet:

»Lortzing: Damit ist es mir sonderbar gegangen. In der Probe zu ›Zar und Zimmermann‹ schüttelte mancher der Herren im Orchester bedenklich den Kopf über dieses Lied und endlich riet mir Stegmayer[1] geradezu, es wegzulassen, weil es – nichts machen werde. Ich stutzte. Die Leute mei-

[1] Ferdinand Stegmayer (1803–63), Kapellmeister und Komponist.

nen's gut mit dir, dachte ich, und sind doch Sachverständige. Schon wollte ich das Ding weglassen, doch besann ich mich anders und sagte: Wir wollen's doch mal wenigstens in der ersten Vorstellung damit probieren. Was tut's denn, wenn's durchfällt. Man kann's in diesem Fall später immer noch weglassen ... Ja, es schlug durch, wie man zu sagen pflegt, und ist wohl in 20 000 Exemplaren durch die Welt geflattert ... Und ist denn das Lied in der Tat so unwahr? Kennen wir denn irgend einen Menschen so genau, um behaupten zu dürfen, diesen Gedanken und diese Empfindung kann er absolut in keinem Momente seines Lebens gehabt haben? Und zumal, wenn es sich um öffentliche Charaktere, Staatsmänner, Herrscher, Kaiser, Könige handelt! Was erfahren wir von ihnen?! Ihre politischen Taten, die von dem Amt, nicht von dem Herzen dirigiert werden, dazu einige Anekdoten, flüchtige Züge, oft erfunden, oft verdreht, von Schmeichlern oder Feinden! Der Mensch soll noch geboren werden, der niemals eine weiche, wehmütige Stunde hätte. Selbst der verstockteste Bösewicht fühlt zuweilen sanfte Regungen. Warum sollte ein Fürst wie Peter der Große, in dessen Seele zwar das Gemeine und Rohe, daneben aber auch das Große und Erhabene wohnte, nicht einmal beim Rückblick in die goldene Jugendzeit durch den Kontrast mit den laufenden Herrschersorgen weich und wehmütig gestimmt worden sein? Potztausend! Ein Zar von Rußland, der um des Besten seines Volkes willen sich eine Zeitlang seiner hohen Würden begibt und in fremdem Lande als gemeiner Matrose lebt und arbeitet, wäre es nicht geschichtlich beglaubigt, man würde es für eine der gröblichsten Unwahrscheinlichkeiten erklären. Aber da soll der Bösewicht nur schlechte Gesinnungen und Gefühle, der Gute nur edle Gedanken und Empfindungen haben. So ist es nicht in der Natur. Jener kann auch einmal wie dieser, dieser auch einmal wie Jener denken und fühlen. Jagt nur eure allgemeinen Ideen zum Teufel und dringt ins wirkliche Leben ein, wie Shakespeare und Goethe getan, da werden die schroffen Kategorienmenschen von der Bühne verschwinden und wirkliche darauf erscheinen ...«
Lortzing war, wie aus diesen Äußerungen klar hervorgeht,

weit mehr als ein Provinzschauspieler heiterer, gutmütiger, manchmal eleganter Charaktere. Das Wort »Psychologie« gab es zu seiner Zeit noch nicht, aber er war ein Psychologe aus Lebenserfahrung, und das war es wohl, was seinen besten Komödien jenen Gehalt an »Wahrheit« gab, der sie, zu ihrer Komik und Lebensfülle hinzu, in den Rang bester Bühnenstücke hob. Zudem gehörte er zu den sehr wenigen Menschen, denen annähernd ebenbürtige Talente auf verschiedenen künstlerischen Gebieten in die Wiege gelegt worden waren. *Lortzing* war ein echter Dramatiker und Poet und dazu ein wahrhaft inspirierter Komponist.

Die Aufführungsstatistiken der deutschen Bühnen zeigen »Zar und Zimmermann« seit über hundert, ja bald hundertfünfzig Jahren nahezu ausnahmslos Jahr für Jahr auf einem der vorderen Ränge. Die anderen Titel der Tabellenspitze haben rundherum mehrmals und gründlich gewechselt, aber *Lortzings* beste Werke – »Zar und Zimmermann«, »Der Wildschütz«, »Der Waffenschmied« – haben sich in der Gunst des Publikums, Generation auf Generation, halten können. Gelegentlich stoßen sie sogar auf einen der führenden Plätze vor. Das war bezeichnenderweise nach den großen Kriegen des 20. Jahrhunderts der Fall. Suchten die Menschen nach soviel Grauen das milde Vergessen, das Bild einer romantischen, heileren Welt, deren Probleme lösbar, deren Gestalten heiter, deren Melodien eingängig und freundlich sind?

Inhaltsangabe von
»Zar und Zimmermann«

Peter I., Zar von Rußland, dem die Geschichte später den ihm von seinem »Parlament« verliehenen Titel »der Große« beließ, lebte von 1672 bis 1725. Über seine Persönlichkeit und die Lage seines Landes in jenen Jahren, die den Übergang von sehr dunklem Mittelalter zum Anbruch modernerer Epochen bilden, ist beim Kapitel »Geschichte« des hier zu besprechenden Werkes Näheres nachzulesen. Peter beschloß, möglicherweise unter dem klugen und segensreichen Einfluß des um einiges älteren Generals Lefort (der aus Genf stammte, also den Westen gut kannte), sein Riesenreich mit radikalsten Reformideen dem von ihm bewunderten Europa anzunähern. Zwei Dinge schienen ihm dafür vor allem notwendig: eine Flotte, die auf den Weltmeeren aufkreuzen und Verbindungen zu den Rohstofflieferanten und Handelsnationen herstellen könnte, und eine Stadt an einer eisfreien, unblockierbaren Küste seines Landes: Es wurde St. Petersburg, am Baltischen Meer, das berufen war, Moskau in der Rolle der Hauptstadt abzulösen. Um sich mit den umwälzenden Neuerungen, die er für Rußland plante, selbst vertraut zu machen, faßte Peter I. einen kühnen Entschluß. Er unternahm eine lange Auslandsreise mit dem ersten Ziel: Holland, eine Seefahrernation, die im Schiffsbau weit vorgeschritten war und deren freiheitlich-liberales Regime dem jungen Herrscher »aller Reußen« – dies der offizielle Titel des Zaren – die Möglichkeit eines weitgehenden Unerkanntbleibens zu gewährleisten schien. Denn Peter hatte vernünftigerweise die Absicht, als anonymer Zimmermann die praktische Arbeit auf einer Werft kennenzulernen: Er wollte selbst ein Schiff bauen können, bevor er Rußlands erste Werften einzurichten begann.

ERSTER AUFZUG

Und so sehen wir Peter unter dem Namen »Michailow« in Zaandam, einem kleinen holländischen Hafen, lediglich von seinem Freund und Berater Lefort begleitet. Noch ein zweiter junger Russe arbeitet dort, Peter Iwanow. Dessen Beweggründe zum Verlassen der Heimat waren allerdings wesentlich andere: Er desertierte, als er zum Militär eingezogen wurde, da er den Drill nicht mochte. Die beiden Peter schließen Freundschaft, ohne daß der Eine Herkunft und Beweggründe des Anderen näher kannte. Und beide fügen sich kameradschaftlich in die Gemeinschaft der Zimmerleute und Schiffsbauer, die sie im kleinen Zaandam freundlich umgibt. (Der Kern dieser Geschichte ist historisch, aber ihre vielen Bearbeiter, die sie als Vorlage zu Romanen, Dramen, Lustspielen benutzten, bauschen die Episode gebliebene Begebenheit des Jahres 1697 mit dichterischer Freiheit auf, was auch bei Lortzing der Fall ist.) Der fröhliche Iwanow, eine erfundene Figur, hat sich in ein Mädchen von Zaandam verliebt, in die reizende Marie, die – laut Peter Iwanow – nur den einen Fehler besitzt, Nichte des Bürgermeisters zu sein. Dieser, van Bett genannt, ist eine angeblich historische Figur. Schlichter gesagt: Ein solcher oder ähnlicher Bürgermeister soll tatsächlich zu jenen Zeiten Zaandam »regiert« haben. Es ist kaum glaublich, denn von vielen gewollt dummen und überheblichen Bühnengestalten ist van Bett, wie Lortzing ihn malt, die wohl dümmste, überheblichste, komischste, lächerlichste.

Beim Aufgehen des Vorhangs erblicken wir einen Teil der Zaandamer Werft der Witwe Browe, und damit beginnt ein Spiel, das mit der Historie nur noch den weltpolitischen Hintergrund gemein hat –, und auch den nur recht bedingt. Kämpfe aus den russisch-türkischen Kriegen, die in der Oper erwähnt werden, liegen um diese Zeit schon einige Jahre zurück; internationale Friedensverhandlungen, die zwischen den wichtigsten europäischen Mächten im holländischen Rijswijk oder Ryswyck stattfanden, stimmen zeitlich wirklich mit der Handlung des »Zar und Zimmermann« überein (1697) und erklären glaubwürdig die Anwesenheit

Caroline Günther
die Sängerin der Marie bei der Premiere in Leipzig

fremder Gesandter rund um die Zaandamer Werft sowie ihrer aller Bemühungen um eine Einbeziehung des recht unbekannten Rußland in einen der Bündnispakte im politischen Spiel des Abendlandes.
Unter den fröhlich arbeitenden Zimmerleuten befinden sich
Michailow, der Zar, und Iwanow, der Deserteur. Michailow
gibt auf Betreiben aller ein Lied zum besten, eine Hand-
werkerweise, die in zwei flotten Strophen den Schiffbau besingt und in die der Chor eifrig einstimmt. Eine folgende Unterhaltung zwischen den beiden Männern namens Peter enthüllt zwar Iwanows Geheimnis, den Grund seiner Fahnenflucht aus Rußland, auch seine Liebe zu Marie gesteht der

Leberecht Berthold
sang die Rolle des Bürgermeisters van Bett in der Leipziger Uraufführung von »Zar und Zimmermann« am 22. Dezember 1837

junge Zimmermann dem Gefährten, zu dem er Vertrauen
gefaßt hat, aber dessen Geheimnis kann er nicht ergründen.
Daß es ein solches geben muß, erscheint ihm klar, aber seine
Größe kann er nicht ahnen. Er ist in Sorge; denn der Bürgermeister scheint Erkundigungen einzuziehen, und russische Offiziere sollen im stillen Zaandam aufgetaucht sein:
Ob sein Oberst ihn sucht, um ihn der Bestrafung zuzufüh-
ren? Marie bringt in auf andere Gedanken, allerdings ebenfalls auf keine angenehmen: Ein Franzose verfolgt sie mit
Galanterien, und es bedarf bei Iwanow nicht viel, um seine
rasende Eifersucht zu wecken. Maries folgende Ariette ver-
ulkt diesen Charakterzug ihres Anbeters, den sie gern ku-

riert sehen möchte, bevor sie ihm die Hand zur Ehe reicht.
Dann wird es, nach diesem frohen Spielopernbeginn, plötzlich ernst: Lefort erscheint und unterrichtet den Zaren davon, daß die jüngsten Nachrichten aus Rußland besorgniser-
regend lauten. Die Abwesenheit des Herrschers und die
Aufhetzung der Bojaren und Strelitzen – der aristokrati-
schen Oberschicht der Grundherren, die das Heranwachsen
einer mächtigen bürgerlichen, städtischen Klasse befürchtet
– durch des Zaren eigene, von ihm entmachtete Schwester
haben zu einer gefährlichen Aufruhrstimmung geführt. Michailows Gemüt verdüstert sich: In einer großen Arie gibt er
seiner bitteren Enttäuschung über die undankbaren Landsleute Ausdruck, zu deren Besten er Reise und Arbeit auf
sich genommen habe und die zum Glücke zu führen sein einziges Streben sei.
Der Bürgermeister erscheint auf der Werft. Großspurig,
aufgeblasen wie immer, zitiert er – zumeist unsinnig – latei-
nische Worte, zieht – noch viel unsinnigere – Schlüsse aus
seinen »scharfsinnigen« Beobachtungen: Mit ihm hat eine
der groteskesten Opernfiguren die Bühne betreten. Sein Refrain: »O, ich bin klug und weise, und mich betrügt man
nicht!« ist zum geflügelten Wort geworden, humorvoller
Ausdruck für genau das Gegenteil von dem, was es besagt.
Seiner Bedeutung sicher, läßt van Bett Peter Michailow –
von der Besitzerin als »der Gelehrteste auf der Werft« vor-
gestellt – ein Schreiben der Regierung verlesen: Man sucht
einen Fremden namens Peter. Das ist etwas für van Bett!
Auf des Zaren vorsichtige Frage, ob er schon eine Vermu-
tung habe, antwortet der Bürgermeister mit einem fast immer und überall gültigen, zu Lortzings Zeiten aber fast revolutionären Satz: »Ich vermute immer! Eine gute Obrigkeit
vermutet immer . . .« Van Bett läßt die Arbeiter zusammen-
rufen, er wird den Gesuchten schon schlau herausfinden! Bald
entdecken alle seine hilflose Lächerlichkeit und auch die
der »Staatsgeschäfte«, die er bringt. Daß sie es wirklich sind,
weiß ja nicht einmal van Bett selbst, der nur wieder eine Gelegenheit sieht, sich wichtig zu machen. Wer heißt hier Peter? Viele Hände heben sich. Die Sache wird schwierig. Wer

von diesen Peter Genannten ist ein Fremder? Iwanow und Michailow bekennen sich dazu. Van Bett triumphiert: Wie großartig er das wieder gemacht hat! Er legt der Witwe Browe ans Herz, besonders auf Iwanow achten zu wollen, dessen »Spitzbubengesicht« ihn dem gestrengen Herrn Bürgermeister besonders verdächtig macht (obwohl der nicht einmal weiß, warum er den Fremden namens Peter überhaupt suchen soll). Er entdeckt Vorbereitungen zu einem Fest: Frau Browe will in wenigen Stunden, am Feierabend, ihren Sohn verheiraten. Van Bett lädt sich selbst dazu ein: Er muß ein wachsames Auge auf Verdächtige und Unverdächtige haben –, in Wahrheit denkt er nur an das Festessen.

Er wird von einem unbekannten Herrn aufgehalten, der im Verlauf eines kurzen Gesprächs seine Verwirrung noch bedeutend steigert. Auch der Fremde bittet ihn um Nachforschungen nach einem geheimnisvollen jungen Mann, der sich als Zimmermannsgeselle auf der Werft aufhalten soll, mit dem es aber eine ganz besondere Bewandtnis habe. Der kluge Bürgermeister ist sofort im Bilde: Heißt der zu Suchende Peter? Aha! Den habe er natürlich längst erkannt und durchschaut! Der unbekannte Herr freut sich unverblümt. Dann solle van Bett doch versuchen, auf geschickte Weise herauszubekommen, was dieses jungen Mannes Pläne in Bezug auf England seien und dafür sorgen, daß der französische Gesandte ihnen nicht zuvorkäme! Van Bett nickt staatsmännisch, ohne auch nur ein einziges Wort zu verstehen; allerdings hätte auch ein Gescheiterer hier kaum zu einem vernünftigen Schluß kommen können. Für eine geschickte Erledigung des Falles bietet der Fremde dem verdutzten Bürgermeister zweitausend Pfund. Dann geht er vergnügt ab, nicht ohne sich mit van Bett auf dem bevorstehenden Fest verabredet zu haben, wo er mit dem betreffenden jungen Mann reden will und zu einem günstigen Abschluß zu gelangen hofft. Welches Glück, daß dieser Unbekannte gerade ihn, van Bett, mit einer solchen schweren Aufgabe betraut hat. So könne er wenigstens sicher sein, meint van Bett, daß sie nicht in ungeschickte Hände fiele ...

Georg Wieter als Bürgermeister van Bett
in einer Aufführung der Bayerischen Staatsoper, im Januar 1959
(»O, ich bin klug und weise . . .«)

Plötzlich steht Iwanow vor ihm, beide sind aufs höchste überrascht. Van Bett fängt es wieder »schlau« an: Er deutet eine »hohe Persönlichkeit« an, die sich für Iwanow interessiere. Dieser erschrickt, denn er denkt natürlich an »seinen Oberst«, der den Deserteur sucht. Der kluge Bürgermeister bringt England und Frankreich ins Spiel, was den armen Iwanow völlig verwirrt. Zieht seine Fahnenflucht so weite Kreise? Ein äußerst amüsantes Duett entwickelt sich, das die Mißverständnisse noch weiter steigert, da keiner der beiden Partner so recht mit der Sprache heraus möchte: van Bett, weil er wie gewöhnlich nichts versteht, Peter aus Sorge, es gehe ihm nun an den Kragen, und doch erfreut, weil der Onkel seiner begehrten Marie offenkundig freundlich zu ihm sein möchte. Endlich, nach grotesken »politischen« Anspielungen, finden sie sich auf weniger gefährlichem Boden zu einträchtigem Singen, aber der »Lohn«, von dem sie unisono sprechen, ist nicht ganz der gleiche: für Iwanow Maries Hand, für van Bett zweitausend Pfund ...

Peter kann sich nach des Bürgermeisters Abgang nicht recht fassen, aber da kommt Marie, gefolgt von jenem französischen Herrn, auf den er längst eifersüchtig ist. Die beiden Männer geraten beinahe aneinander, doch den Marquis von Chateauneuf interessiert in diesem Augenblick beinahe mehr als Marie die Tatsache, daß der junge Mann Peter heißt und Russe ist. Sollte er, Gesandter Frankreichs, auf diese Art den Zaren entdeckt haben, den er im Auftrag seiner Regierung so eifrig sucht? Da tritt der andere Peter auf, Michailow. Chateauneuf, im Gegensatz zu dem früher ins Gespräch mit van Bett verwickelten englischen Gesandten, ist ein lebenserfahrener, feingebildeter Mann von Welt, der sofort spürt, daß dieser Jüngling kein »gewöhnlicher« Mann sein kann. Auch der Zar wird auf den Franzosen aufmerksam, als er dessen feine Art, den Liebesstreit zwischen Marie und dem eifersüchtigen Iwanow zu schlichten, beobachtet. Schließlich fragt er Chateauneuf geradezu, wer er sei. Ebenso geradeheraus kommt die Antwort: er gehöre zur französischen Gesandtschaft, die bei den Friedensverhandlungen im benachbarten Rijswik tätig sei und knapp vor der

Aus einer Aufführung der Bayerischen Staatsoper, Januar 1959:
Der eifersüchtige »andere« Peter mit Marie; rechts: der französische Gesandte Chateauneuf

Abreise stünde. Warum die plötzliche Abreise? Das will
»Michailow« wissen und wird vom klugen Franzosen entlarvt; denn als dieser als neueste Nachricht eine »katastro-
phale Niederlage der Russen gegen die Türken« erwähnt,
braust der Zar auf: kein Wort sei wahr an diesem schändli-
chen Gerücht! Chateauneuf lächelt, genau das hat er be-
zweckt, der Zar hat sich verraten und erkennt es selbst sofort. Der Vorfall schafft eine unmittelbare Sympathie zwischen den beiden Männern. Während Iwanow und Marie,
ahnungslos über das eben Vorgefallene, die in der Nähe auf-
klingende Tanzmusik vernehmen, verabreden Zar und Gesandter eine Unterredung bei dem beginnenden Fest.
Der Brautzug naht mit fröhlichem Gepränge, während die

beiden Männer noch ihr Gespräch leise am Rande fortsetzen. Nur ein großer Schmerz- und Wutausbruch des Zaren, der den Verrätern in seiner Heimat den Tod ankündigt, tritt für einen Augenblick wieder in den Vordergrund. Der Gesandte ermahnt ihn schnell zur Ruhe, da viele auf ihn aufmerksam werden. Der Zar faßt sich und lenkt in die Festmusik ein. In einem großen Finale vereinen sich alle Stimmen, jede mit ihrem eigenen Text und mit lustiger Musik, in der die Staatsgeschäfte ebenso untergehen wie Iwanows rasende Eifersucht.

ZWEITER AUFZUG

Der zweite Akt zeigt »das Innere einer großen Schenke, der offene Hintergrund gewährt die Aussicht in den Garten«. Blumengewinde, bunte Lampen rundum, Tische, Bänke, Stühle, Flaschen, Gläser –, das Fest ist in vollem Gange. Frohsinn und Freude überall, Hochrufe, Gläseranstoßen, jubelnde Chöre. Nur Iwanow ist unruhig. Er sieht seine Marie nirgends und wird, entgegen seinem Versprechen, wieder von Eifersucht geplagt. General Lefort, der vertraute Freund, tritt zum Zaren und meldet ihm leise, alles sei zur heimlichen Abreise bereit. Doch Peter will die Fahrt noch ein wenig aufschieben; er verspricht sich viel von der bevorstehenden Unterhandlung mit dem Gesandten Frankreichs, ein Bündnis mit diesem Lande käme ihm sehr gelegen. Chateauneuf bringt tatsächlich einen vorteilhaften Entwurf, in den der Zar sich sofort vertieft. In einiger Entfernung von diesem Tisch, an dem der Zar, Lefort und Chateauneuf Platz genommen haben, sitzen an einem anderen Iwanow und Marie, freundlich zankend wie immer. Iwanow hat den Franzosen trotz seiner Verkleidung erkannt: Natürlich ist er nur gekommen, um ihm seine Marie abspenstig zu machen! Tatsächlich nähert der Gesandte sich, während der Zar aufmerksam den Bündnisvertrag studiert, dem Mädchen, ist galant und gewinnend und stimmt schließlich, auf Maries Wunsch, ein »recht zärtliches« Lied an, in dessen Refrain sie und der Chor einfallen: »Lebe wohl, mein flandrisch Mädchen«.

Chateauneuf singt auf Maries Wunsch ein »recht zärtliches Lied«: »Lebe wohl, mein flandrisch Mädchen« (Bayer. Staatsoper, zweiter Akt)

Beinahe kommt es zum Bruch zwischen Marie und dem wütenden Iwanow, aber van Betts Eintritt unterbricht alles. Er setzt sich, ebenso wie der sogleich folgende englische Gesandte Lord Syndham zu Iwanows Tisch, dem alle ihre Aufmerksamkeit gilt –, halten sie ihn doch für den Zaren. Das kunstvolle Sextett, das nun anhebt – es vereint, ein seltener Fall, sechs solistische Männerstimmen – setzt mit dem gleichen Text für alle ein: »Zum Werk, das wir beginnen, braucht es der Klugheit Macht . . .« Darin liegt nicht wenig Ironie, denn die Klugheit ist unter den sechs Teilnehmern (den Tenören Chateauneuf und Iwanow, dem Bariton des Zaren und den Bässen Lefort, van Bett und Lord Syndham) recht ungleich verteilt. Am Tisch Iwanows hört dieser ver-

Aus einer Aufführung von »Zar und Zimmermann« der Wiener
Volksoper am 30. Oktober 1980:
Der Zar mit den Gesandten von Rußland (Lefort) und England
(Lord Syndham)

blüfft die Anreden »Majestät« und »Sire«, mit denen ihn der englische Gesandte bedenkt. Van Bett versteht, wie gewöhnlich, kein Wort, da er zwar Iwanow als den »Gesuchten« dargestellt hat, aber vom Range des Gesuchten keine Ahnung hat. Iwanow glaubt immer noch, es ginge um seine Fahnenflucht, und verhält sich dementsprechend vorsichtig. Viel konkreter geht es am anderen Ende zu: Chateauneuf legitimiert sich als bevollmächtigter Gesandter, worauf dem Vertragsabschluß nichts mehr im Wege steht. Manchmal gibt es überraschende Verbindungen zwischen den Gruppen (»Unsre Absicht zu erreichen, laßt uns schlau zu Werke gehn . . .«). Später verwirren sich die Dinge am Tisch van Betts immer mehr, da Lord Syndham von einem Pakt Rußlands mit England spricht, Iwanow aber von seinem einzigen Wunsch, »nicht ferner noch zu dienen«, was der Gesandte als feinsinnige Umschreibung für den Wunsch Rußlands nach Neutralität auffaßt.

Die frohe Festesmenge, die sich zeitweise in andere Gemächer zurückgezogen hat, sammelt sich nun wieder; denn die Meisterin ruft alle zum Tanz. In einem kurzen Intermezzo erkennen einander die Gesandten von England und Frankreich, und jeder meint bei sich, der andere sei ein wenig zu spät gekommen –, was aber nur in einem der beiden Fälle stimmt. Marie wird aufgefordert, das Brautlied anzustimmen, alle gruppieren sich um sie, sogar van Bett lächelt ihr freundlich zu, da ihm nun ihre mögliche Verbindung mit der »hochgestellten Persönlichkeit« gar nicht ungelegen käme. Maries volkstümliches Liedchen hat einen russischen Einschlag: vielleicht ihrem trotz allem Zank doch immer geliebten Peter Iwanow zu Ehren.

Dann überstürzen sich die Ereignisse. Lefort benachrichtigt den Zaren, daß eine offen ausgebrochene Empörung in Rußland ihre Abreise sofort notwendig mache. Und die Meisterin Browe verkündet bestürzt, daß Haus und Werft von Soldaten umstellt seien. Gleich darauf tritt ein Offizier mit Wachen ein: Sie fahnden nach verdächtigen Fremden, die seit einiger Zeit holländische Zimmerleute für eine Tätigkeit im Ausland abzuwerben suchen. Das Spiel wird ernst,

Die »Kantatenprobe« (»Heil sei dem Tag . . .«)
des Bürgermeisters van Bett bei einer Aufführung der Bayerischen
Staatsoper, München, im Januar 1959

die Komödie rückt für eine Zeitlang wieder ins »weltpolitische« Fahrwasser. Anscheinend sucht der Zar – und mit ihm
andere russische Emissäre – nicht nur selbst Kenntnisse zu
erwerben, sondern auch gute Arbeiter nach Rußland zu ver-
pflichten, die dort beim Aufbau einer modernen Technolo-
gie (wie man heute sagen würde) mitarbeiten könnten. Van
Bett übernimmt die Untersuchung. Bei seinen ersten Befra-
gungen erlebt er gewaltige Überraschungen, die Fremden
weisen sich als die Gesandten Frankreichs, Rußlands und
Englands aus. Die Festteilnehmer nutzen die Gelegenheit
weidlich aus, sich über ihren Bürgermeister lustig zu machen: »O, er ist klug und weise, und ihn betrügt man
nicht . . .«
Doch van Bett gibt sich, das muß man ihm lassen, nicht so
leicht geschlagen. Da sind doch diese beiden fremden Zimmerleute: sofort verhaften! Rasch flüstert ihm Lord Syndham zu, Iwanow nicht anzurühren, denn es sei der Zar von
Rußland. Und das gleiche tut Chateauneuf in bezug auf Michailow. Nun geht die Wut mit van Bett durch, man macht
sich offenkundig über ihn lustig! Alle sollen eingesperrt
werden: Gesandte, Zaren, Wirte, Gäste. Des Zaren Geduld
aber ist nun zu Ende, er ist drohend aufgesprungen, und
seine achtunggebietende Gestalt und Haltung schaffen einen freien Raum um ihn. Wehe dem, der ihn anzurühren
wage! Da nähert van Bett sich ihm und erhält im Tumult einen Tisch über den Kopf gestürzt, der sich wie eine etwas
weite und harte Halskrause ausnimmt. Aus dem Drama ist
unversehens wieder ein Lustspiel geworden. Rasch fällt der
Vorhang.

DRITTER AUFZUG
Der dritte Akt spielt im Stadthaus. Van Bett tritt »gravitätisch rund um die Bühne schreitend« auf. Er sinniert, denn er
ist klug und weise; wenn schon eine Majestät in seinem
Zaandam weilt, dann soll sie mit allen Ehren empfangen
werden. Also: eine würdige Feier für den angeblichen Iwanow, den er immer noch für den Zaren hält –, denn der andere, der ihn tätlich angriff, kann es natürlich nicht sein. Er

hat seine Mitbürger zusammengerufen, um mit ihnen eine festliche Kantate einzustudieren. Glücklicherweise ist er ja selbst Dichter und hat einmal in einer »schönen Stunde« einen Text geschrieben, der nun auch für diese Gelegenheit herhalten muß. Sein Freund, der Kantor, hat eine »zarte Melodei« dazu erfunden, und nun soll dieses Meisterwerk schnell einstudiert und zur Huldigung des Zaren gesungen werden. Die Kantatenprobe gehört nicht nur zu den glänzendsten Stücken von Lortzings feinem Humor und überwältigender Situationskomik, sondern darüber hinaus zu den gelungensten heiteren Szenen der deutschen, ja der Weltopern-Literatur. Van Bett ist nicht nur Poet und Bürgermeister, Diplomat, Detektiv, achtunggebietende Autorität, er ist auch Dirigent und Gesangssolist. Nach einigen vergnüglichen Anläufen und Mißverständnissen – auch musikalischer Natur – läuft alles wie am Schnürchen. Alle gehen fröhlich ab und warten auf die große Gelegenheit, die Kantate vor der hohen Persönlichkeit zum Vortrag zu bringen, die sich anscheinend in Zaandam aufhält.

Der Bürgermeister und der Zar begegnen einander. Van Bett stellt dem verdächtigen und noch dazu gewalttätigen »Zimmermannsgesellen« ein strenges Verhör in Aussicht, bevor er abgeht. Gleich danach trifft die aufgeregte Marie den Zaren: wie es Iwanow gehe und ob er wirklich der Kaiser von Rußland sei, wie jetzt überall gemunkelt würde? Warum habe er es ihr nicht anvertraut? Was solle sie nun tun? Der Zar ist freundlich, ja freundschaftlich: wenn alle Welt es sage und sogar der Herr Bürgermeister, dann werde Iwanow wohl wirklich der Zar sein. Aber sie möge sich keine Sorgen machen, solle zur Majestät ehrerbietig sein und im übrigen nur ihn, Michailow, machen lassen; er werde ihr Glück mit Iwanow sicher und fest begründen. Glücklich läuft Marie fort.

Besser hätte Lortzing das nun folgende Lied des Zaren nicht vorbereiten können: Eine menschliche Atmosphäre ist geschaffen, in der nur die Gefühle, nicht die Staatsgeschäfte zählen. Und so kann Zar Peter sich der sorglosen Kindheit erinnern: »Sonst spielt' ich mit Krone, mit Szepter und

Der berühmte
Holzschuhtanz im
dritten Akt

Stern . . .« Wie oft ist dieses Lied angegriffen worden: so sänge ein Herrscher nicht, und schon gar nicht ein im Grunde despotischer, ja grausamer wie Peter der Große; es passe nicht zur dramatischen Situation, und – es sei übertrieben gefühlvoll und sentimental, kurz: kitschig. Aber die Mehrzahl der Opernbesucher forderte wohl das Eintrittsgeld zurück, wenn sie um dieses »Zarenlied« gebracht würden, das so ungewöhnlich populär wurde.

Iwanow, ganz verwirrt von den Ehrenbezeugungen, die ihm überall zuteil werden, trifft auf Marie. Nun nennt auch sie – wie Michailow ihr riet – ihn »Majestät«, es ist zum Verrücktwerden! Das Duett, das sie miteinander singen, ist ein entzückendes Musikstück voll Anspielungen, Zärtlichkeit und Humor. Danach begegnen die »beiden Peter« einander. Der Zar ist unruhig, der Hafen wurde gesperrt, und er sieht keine Möglichkeit zur raschen, so notwendig gewordenen Heimreise. Doch dem vermeintlichen Zaren Iwanow hat der englische Gesandte einen Paß und ein Schiff zur Verfügung gestellt, das durch die Blockade nicht aufgehalten werden kann. Der Zar atmet auf: Das ist die Rettung. Er bietet Iwanow an, ihn mitzunehmen. Der muß lachen – umgekehrt, er wird Michailow mitnehmen! Der Zar wird energisch, nimmt dem Gefährten den Paß ab. Er vertröstet ihn – gerade wie es eben Marie getan hatte –, in einer Stunde werde er alles verstehen! Auch dürfe er dann das versiegelte Schreiben öffnen, das er ihm übergibt und das »sein Glück«, Iwanows und Maries Glück, enthielte. Dann bittet Michailow »seine Majestät«, sich zurückziehen zu dürfen.

Ein Festzug naht, Iwanow wird freundlich umringt und muß Huldigungen über sich ergehen lassen als »der Mann, der alle Herzen sich gewann«. Den ersten Höhepunkt der Feier setzt das berühmt gewordene »Holzschuh-Ballett«, das in hübscher Weise holländisches Nationalkolorit auf die Bühne zaubert. Dann folgt van Betts »feierliche« Ansprache, und endlich beginnt die Kantate, deren gelungener Probe der Hörer zuvor beigewohnt hatte: »Heil sei dem Tag, an welchem du bei uns erschienen . . .« Viel weiter kommen die wackeren Sänger nicht, van Bett muß sich auf einen heftigen

Karl Schmitt-Walter als Zar an Bord des englischen Schiffes
im Schlußbild der Aufführung des »Zar und Zimmermann« in der
Bayerischen Staatsoper, München, März 1950

Disput mit dem herbeigeeilten Ratsdiener einlassen, bevor
er zum Chor (»Du bist ein großer Held!«) noch einige Töne
aus seinem schwungvollen Solo beisteuern kann. Dann zer-
reißt Tumult die Festesstimmung völlig, die Mitteilung von
Michailows Flucht auf einem Schiff verbreitet sich schnell,
der Bürgermeister tobt, Iwanow und Marie fühlen sich von
dem Freund betrogen, aber ein rascher Blick auf dessen Pa-

pier belehrt sie eines Besseren: Da steht die Ernennung Iwanows zum kaiserlichen Oberaufseher Rußlands und die Bewilligung seiner Heirat mit Marie! Das kann nur der Zar geschrieben haben, Michailow ist der Zar!

Die Vorhänge im Hintergrund des Raumes werden schnell aufgezogen, der Blick zum Hafen wird frei. Da steht Peter I. auf der Kommandobrücke eines ausfahrenden Schiffes, neben ihm Lefort und Chateauneuf. Der Zar verabschiedet sich mit bewegten Worten, in die sich Anklänge an sein Zimmermannslied mischen. Der erregte Tumult am Ufer weicht grenzenlosem Jubel, in den auch van Bett – der endlich etwas verstanden hat – begeistert einstimmt. Gerührt umarmen einander Iwanow und Marie. Glocken und Salutschüsse ertönen: ein großes Opernfinale. Wie von Meyerbeer –, nur viel, viel freundlicher.

Schlagworte und Gedanken zu Lortzings Werk

1. Längst hatte die italienische Oper ihren heiteren, leichteren Zweig – die *Opera buffa* –, und eine ähnliche Zweiteilung war auch in der etwas jüngeren französischen Oper vor sich gegangen, wo neben die »großen« Opern *Lullys* und *Rameaus* das *opéra comique* genannte Genre getreten war. Im deutschen Sprachgebiet gab es Liederspiele, Komödien mit Musik und ähnliches: Da wechselte Prosa mit Gesungenem ab, aber niemandem fiel es ein, solche Unterhaltungsstücke der Kunstform »Oper« zuzurechnen. Erst nach der Mitte des 18. Jahrhunderts schenkte man solchen Singspielen stärkere Beachtung, gute Meister begannen, sich mit ihnen zu befassen. Es gab solche Versuche in mehreren deutschen Städten; in Weimar interessierte sich sogar *Goethe* für ihre Möglichkeiten. Vor allem aber erfuhr die neue Gattung in Wien starke Förderung (wo *Gluck* den »Betrogenen Kadi«, »Die Pilgrime von Mekka« und andere Stücke geschaffen hatte, die sich zwar neben seinen großen Opern geringfügig ausnehmen, aber recht populär wurden), als *Joseph II.* den Thron bestieg und *Mozart* beauftragte, ein solches Singspiel zu komponieren. Es wurde (1782) »Die Entführung aus dem Serail«; sie bewies die sowohl künstlerischen wie volksnahen Möglichkeiten eines solchen Schauspiels aufs deutlichste. *Mozart* selbst schuf dann das unübertroffene Meisterwerk – Singspiel, Märchenoper, deutsche Spieloper zugleich –: »Die Zauberflöte« (1791). Ungerecht wäre es, daneben etwa »Doktor und Apotheker« zu vergessen, 1786 von *Karl Ditters von Dittersdorf* komponiert, sowie die besten Werke von *J. Umlauff, Johann Schenk, Wenzel Müller, Joseph Weigl, P. Wranizky* unerwähnt zu lassen, die auf den Wiener Vorstadtbühnen zahlreiche Werke zur Aufführung brachten, von denen aus Wege zu *Lortzing* führen. Die deut-

Das Stadttheater in Leipzig
zu Lortzings Zeiten

schen Komponisten *C. Standfuß* und *J. A. Hiller* müßten unter den Begründern der Spieloper ebenso genannt werden wie die ihnen nachfolgenden *Ch. G. Neefe, G. Benda, A. Schweitzer, J. André, J. F. Reichardt, J. R. Zumsteeg* u. v. a.

2. Als *Lortzing* seine Tätigkeit als Komponist begann, war aus dem ursprünglichen Singspiel (bei dem Lieder in einen gesprochenen Lustspieltext eingebaut waren) bereits die Gattung »Spieloper« geworden, bei der das Verhältnis zwischen Prosa und Musik sich wesentlich zugunsten der letzteren verschoben hatte und vor allem an den Aktschlüssen richtige längere Opernfinale standen. Die Spieloper bedeutete zwar ein etwas »leichteres« und volkstümlicheres Schauspiel als die ernste und »große« Oper, aber ihre Stoffe waren keineswegs mehr durchwegs lustig. Gerade die Romantik zu Anfang des 19. Jahrhunderts hatte ein Genre geschaffen, in dem das Märchenhafte, zumindest teilweise Ernste, oft sogar Dramatische oder gar Tragische oder das Tragische Streifende sich mit einfach-melodiöser Musik

durchaus vertrugen. *E. T. A. Hoffmann, L. Spohr, C. M. von Weber* und *H. Marschner* heißen die bedeutendsten deutschen Vorläufer *Lortzings,* auf denen er aufbauen konnte; neben ihm wirken *F. von Flotow* (»Martha«), *O. Nicolai* (»Die lustigen Weiber von Windsor«), *Konradin Kreutzer* (»Das Nachtlager von Granada«, aber auch die prächtige Bühnenmusik zu *F. Raimunds* »Verschwender«, einschließlich des zum Volkslied gewordenen »Hobellieds«) und schaffen mit *Lortzing* die typisch deutsche Spieloper, die in Singspiel, Romantik und Märchen gleichermaßen verwurzelt ist.

3. »Zar und Zimmermann«, von *Lortzing* 1837 gedichtet und komponiert, stellt seine zweite abendfüllende Oper dar. Ihr war, im gleichen Jahr, »Die beiden Schützen« vorausgegangen. Beide als »komische Opern« bezeichneten Werke wurden im Leipziger Stadttheater uraufgeführt, wo *Lortzing* zu jener Zeit, gemeinsam mit seiner Frau, seit 1833 engagiert war. Trotz der Größe und Bedeutung dieser Stadt (auch auf musikalischem Gebiet, was sich etwa in einer intensiven Beethovenpflege schon zu dessen Lebzeiten, in bahnbrechenden Aufführungen von *Bachs* »Matthäuspassion« und *Schuberts* »großer C-Dur-Sinfonie« sowie im Erscheinen mehrerer wichtiger Musikzeitschriften, darunter der von *Schumann* herausgegebenen, äußert) zählte ihr Theater keineswegs zu den führenden Bühnen Deutschlands, geschweige denn Europas. Es ist gut, sich vor Augen zu halten, daß *Lortzing* es in seiner ganzen Karriere niemals zu einer Stellung an bedeutenden Theatern brachte. Er war zwar in weiten Kreisen bekannt, zählte aber nicht zu den namhaften Komponisten seiner Generation.

4. *Lortzings* Werkkatalog weist elf abendfüllende Opernwerke auf, die sich auf einen Zeitraum von zwölf Jahren verteilen: 1837 bis 1849. Bei der Uraufführung von »Zar und Zimmermann« (22. Dezember 1837) war er, am 23. Oktober 1801 in Berlin geboren, ziemlich genau 36 Jahre und 2 Monate alt. Was er vorher geschaffen

hatte, spielt in seinem Gesamtwerk eine nur sehr unbedeutende Rolle. Von »Zar und Zimmermann«, eventuell schon von den »beiden Schützen« angefangen, folgt eine fast ununterbrochene Reihe wichtigerer Stücke, von denen manches eine »Ausgrabung« wert wäre. Die Mehrzahl ist als »Komische Oper« eingestuft, »Undine« wird »Romantische Zauberoper« genannt, die vergessene »Regina« heißt einfach »Oper«, »Rolands Knappen« trägt den Untertitel »Komisch-romantische Oper«. Alle weisen drei Akte auf, »Undine« und »Regina« vier. *Lortzings* letztes Bühnenwerk war dann wieder, wie in seinen Anfangszeiten, ein kurzes musikalisches Lustspiel in nur einem Akt: »Die Opernprobe«, das zwar nicht zu den abendfüllenden, wohl aber zu den amüsantesten Stücken *Lortzings* gerechnet werden darf.

5. Drei Opern haben sich in seinem Gesamtwerk als besonders erfolgreich erwiesen: »Zar und Zimmermann« (1837), »Der Wildschütz« (1842) und »Der Waffenschmied« (1846). Sie standen seit jeher und stehen auch heute im Spielplan vieler deutschsprachiger Theater, allerdings: lange Zeit hindurch nicht der größten und »prominentesten«. *Lortzing* galt als populär, aber kaum als »klassischer« Meister. Seine Stücke waren ein Rückgrat des »Provinz«-Repertoires, und viele Melodien aus ihnen erreichten den höchsten Grad der Volkstümlichkeit, was in neuerer Zeit auch deutlich bei den Rundfunk- und Fernseh-Wunschkonzerten zum Ausdruck kommt. Die Kantatenprobe (»Heil sei dem Tag«) aus »Zar und Zimmermann«, die Billard-Szene aus dem »Wildschütz« gehören zu den beliebtesten Opernszenen im deutschen Sprachraum. Arien wie »Sonst spielt' ich mit Szepter, mit Krone und Stern« – das sogenannte »Zarenlied« –, Chateauneufs Lied »Lebe wohl, mein flandrisch Mädchen« und Maries Ariette »Die Eifersucht ist eine Plage« zählen zu den bekanntesten Melodien und tragen sicher nicht wenig zum Kassenerfolg von »Zar und Zimmermann« bei.

Albrecht Peter (als Zar) singt das populär gewordene Zarenlied:
»Einst spielt ich mit Szepter, mit Krone und Stern« (Bayerische
Staatsoper, München)

»5000 Taler« aus dem »Wildschütz«, »Auch ich war ein
Jüngling«, »Reichtum allein tut's nicht auf Erden« und
»Wir armen, armen Mädchen« aus dem »Waffen-
schmied« erfreuen sich ungebrochener Popularität.

6. Im allgemeinen erwartet man von Singspielen oder
   Spielopern keine hochgeistigen, mit intellektuellen
   Problemen geladenen Stoffe. Aber *Lortzing* greift doch
   ab und zu bei seiner Themenwahl ein wenig tiefer: Die
   Gestalt *Peters des Großen* (in »Zar und Zimmermann«)
   bringt einen Hauch von Weltgeschehen, von hoher Poli-
   tik in das an sich vergnügliche, leichtgeschürzte Spiel;
   und die Wahl des mittelalterlichen Nürnberger Dichters

Hans Sachs (den Wagner später zum wahren »Helden« seiner »Meistersinger« machen wird) zur Titelfigur einer Oper weist *Lortzing* auch wieder als denkenden, geistig durchaus bedeutenden Schöpfer aus. Als solcher zeigt er sich auch in einem Gespräch, das nach seinem Tode von dem daran teilnehmenden Partner, einem deutschen Musiker namens *Johann Christian Lobe,* aufgezeichnet und publiziert wurde. Darin zitiert *Lortzing Shakespeare* und *Goethe,* hält deren tiefe Psychologie der allgemeinen, flachen Dramaturgie entgegen, was für eine in damaliger Zeit durchaus nicht alltägliche literarische Kenntnis und geistige Beweglichkeit spricht.

7. In allererster Linie aber war *Lortzing* ein Praktiker, ein »Theatermann« in des Wortes wahrster Bedeutung. Er war mit den »Brettern« von Kind an vertraut, da seine Eltern um 1811 – als er zehn Jahre zählte – ihre bürgerliche Existenz verloren und sich dem schon vorher liebevoll gepflegten Theater nun ganz verschrieben. Er lernte das Bühnendasein in seiner härtesten Form kennen: als Wandertheater, als kleine Provinz- und Sommerfrischenbühne, also abenteuerlich und heldenhaft zugleich, mit Idealismus statt Sicherheit, Hunger statt Gage, und oft genug einen winzigen Schritt vom Abgrund des Elends oder der Lächerlichkeit entfernt. *Lortzings* materielle Situation wird sich zeit seines Lebens kaum über die Deckung des unumgänglich Notwendigsten erheben; sie ist, genau betrachtet, tragischer als die *Mozarts,* da sie weniger durch eigenen »Leichtsinn« mitverschuldet ist und viel mehr äußere Demütigungen enthält.

8. *Lortzings* Hauptgebiet ist die Komik. Auch wenn er als Schauspieler oft mit der derbsten Bühnenkomik zu tun hatte, so läßt er in seine Theaterstücke doch fast ausschließlich den feineren Humor einfließen, der mit subtilen Mitteln nicht nur lautstarkes Lachen, sondern ebenso oft freundliches Lächeln hervorruft, die vielleicht stärkste Grundlage echter Volkstümlichkeit.

9. Zudem war *Lortzing,* und das sollten ihm selbst seine neunmalklugen Kritiker lassen, ein echter Melodiker. Natürlich ist es ungerecht, ihn mit (seinem vergötterten Vorbild) *Mozart* zu vergleichen, dessen Melodien einfach immer den Grad absoluter Perfektion, vollendeter Schönheit erreichen. Bei *Lortzing* findet sich manches Durchschnittliche, das ebenso in Partituren seiner Zeitgenossen stehen könnte, auch der »Minderen« unter ihnen. Aber wenn eine Person, eine Situation, eine Stimmung ihm besonders zusagt, dann verfügt er über außergewöhnliche Inspiration. Da schafft er Bleibendes, echt Volkstümliches, das sogar schon kurz nach seinem frühen Ableben von *Hoffmann von Fallersleben* in dessen Sammlung »Unsere volkstümlichen Lieder« aufgenommen wurde.

10. Wie nah *Lortzing* der Volksmusik stand, wird gerade an den Melodien von »Zar und Zimmermann« deutlich. Denn unter diesen befinden sich nicht weniger als drei, die man wenigstens teilweise dem zurechnen muß, was man heute als »Folklore« bezeichnet –, ein Wort, das es zu *Lortzings* Zeiten noch nicht im Sprachgebrauch gab, da es erst 1846 auf einem Kongreß von dem englischen Forscher *Williams J. Thoms* vorgeschlagen wurde. Wir wissen leider wenig darüber, wieweit *Lortzing* sich für fremdländische Volkslieder interessierte. Diese waren mit dem Beginn der romantischen Bewegung (also zu Ende des 18. und Anfang des 19. Jahrhunderts) in das Blickfeld von Dichtern, Musikern, Sammlern und Gelehrten getreten. *Haydn* nahm manche volksechte Melodie aus dem ihm benachbarten ungarisch-südslawischen Raum auf; *Beethoven* bearbeitete schottische, walisische, englische Weisen und verwendete eine südslawische bewußt oder unbewußt als Hauptthema seiner 6., der »pastoralen« Sinfonie; *Schubert* liebte ungarische Rhythmen –, die Liste ließe sich beliebig verlängern. In »Zar und Zimmermann« greift *Lortzing* zu einem flandrischen Lied (in Chateauneufs Arie »Leb wohl, mein flandrisch Mädchen«) und zu einer russi-

schen Melodie (in Maries Brautlied mit Chor »Lieblich röten sich die Wangen«); zudem enthält der »Holzschuhtanz« ebenfalls Anklänge an flandrische Rhythmen. Alle drei »fremdländischen« Zitate sind so mit der eigenen Musik verwoben, daß man sie kaum bemerken würde, hätte *Lortzing* sie nicht selbst am Rande vermerkt.

11. Eines der Musikstücke aus »Zar und Zimmermann« hat zu heftigen Polemiken Anlaß gegeben: Es ist das schon erwähnte »Zarenlied« (»Sonst spielt ich . . .«). Im geschichtlichen Teil dieses Buches ist ausführlich darüber berichtet. Aber hier, gewissermaßen am Rande, sei noch etwas zu den längst ad acta gelegten Vermutungen und Streitigkeiten erwähnt, die rund um diese Melodie entbrannten. Zugleich soll damit einiges über *Lortzings* treue Freunde ausgesagt werden, die zum besten Besitz seines Lebens gehörten. Zitieren wir also den Biographen *Georg Richard Kruse* (1899), dem in der Lortzingforschung unvergängliche Verdienste zukommen: ». . . Auf der Probe soll das Zarenlied, als für den Charakter Peters nicht passend, gestrichen, dann wegen Indisposition des Sängers in der Erstaufführung[1]) weggelassen worden sein; als Logenlied[2]) sollte Lortzing es schon in Münster komponiert haben, während andere ihm die Autorschaft überhaupt absprachen und sie dem Kapellmeister Stegmayer[3]) zuschrieben. Düringer[4]) berichtet: den Text zu dem bekannten Zarenliede, dessen Refrain ›O selig, o selig, ein Kind noch zu sein‹ Lortzing selbst vorschrieb, hat Reger[5]) gemacht, während Pasqué[6]) aus Herlossohns[7]) eigenem Munde wissen will, daß dieser das ganze Lied in seine jetzige Form ge-

[1]) Damals nannte man Erstaufführung, was heute als Uraufführung bezeichnet wird.
[2]) Lortzing gehörte in Münster einer Freimaurerloge an.
[3]) Ferdinand Stegmayer, Kapellmeister und Komponist (1803–63).
[4]) Philipp Jakob Düringer (1809–70), Schauspieler, Regisseur in Berlin, enger Freund und früher Biograph Lortzings (1851).
[5]) Philipp Reger (1804–57), Schauspieler in Berlin.
[6]) Ernst Pasqué, Sänger und Schriftsteller (1821–92).
[7]) Karl Herlossohn (1804–49), Schriftsteller, Kritiker, enger Freund Lortzings.

bracht und auch den Refrain erfunden habe. Nichts von allem ist bewiesen, und wenn auch Lortzing die gelegentliche Hilfe seiner Freunde bei Abfassung der Texte nicht verschmähte, so ist doch aus allen Schilderungen ersichtlich, daß er auch in diesem Falle einen wesentlichen eigenen Anteil daran hatte. Daß die Musik von ihm herrührt, bedarf keines Nachweises mehr . . .« Und *Kruse* gibt als höchsten »Beweis« der Autorschaft *Lortzings* einen schönen Ausspruch des treuen Freundes *Philipp Jakob Düringer* an: »Lortzings kindliche Einfachheit, seine wahrheitsliebende Natur war nicht im Stande, sich mit Bewußtsein mit fremden Federn zu schmücken . . .«

12. Viel interessanter als diese Polemik um das Zarenlied und seinen Wert oder Unwert wäre die Frage, wieweit das Textbuch zu »Zar und Zimmermann« als geistiges Eigentum *Lortzings* zu betrachten ist. Im geschichtlichen Teil sind die Vorlagen aufgezählt, die er bei der Abfassung verwendete und teilweise originalgetreu verwertete. Das war in jener Zeit so üblich, und kein Mensch hätte einem Autor daraus einen Vorwurf gemacht. Die Episode von *Peter des Großen* Aufenthalt auf holländischen Werften ist, wie wir in der »Geschichte« sahen, überraschend oft für die Bühne ausgewertet worden. *Lortzing* kannte vor allem eines der Theaterstücke, die darüber geschrieben wurden: die französische Komödie »Le bourgmestre de Saardam« (»Mélodrame comique« als Untertitel) von *Mélesville, Merle* und *Boirie*. In der erfolgreichen deutschen Übersetzung durch *G. Römer* hat *Lortzing* ungezählte Male den französischen Gesandten, Marquis de Chateauneuf, gespielt. Daß er zudem auch die *Donizetti*-Oper mit dem gleichen Titel (»Il Borgomastro di Saardam«) kannte und benützte, scheint festzustehen. Trotzdem bleibt seine Eigenleistung beträchtlich und anerkennenswert, wie ein Vergleich zweifelsfrei beweist. Zudem erschöpft *Lortzings* Beitrag sich ja keineswegs mit dem Libretto: Er schuf dieses ausschließlich als geeignete Grundlage

Peter der Große als Zimmermann auf einer holländischen Werft
(Zeitgenössischer Stich)

für seine Komposition, bei der er völlig selbständig ver-
fuhr und sich an keine Vorbilder anzulehnen brauchte.
Immerhin wäre es nicht abwegig, bei Aufführungen an-
zugeben: Dichtung nach der französischen Komödie . . .
von *Albert Lortzing*.

13. Alle Schriftsteller, Dramatiker und Komponisten verlegen die Handlung ihrer Werke, die sich rund um das Holland-Erlebnis *Peters des Großen* ranken, nach Saardam. Daß des Zaren Aufenthalt in diesem kleinen, idyllischen Ort nur wenige Tage währte und keineswegs so endete, wie auch *Lortzing* es schildert – mit der triumphalen Heimfahrt des Zaren nach Rußland –, ist im geschichtlichen Teil nachzulesen. Aber vom dichterischen Standpunkt gesehen, erscheint das malerische Saardam mit seinem grotesken Bürgermeister wirkungsvoller als das große Amsterdam, in dem eine solche Figur undenkbar wäre. In Saardam wird übrigens noch heute die Hütte gezeigt, in der *Peter I.* gewohnt haben soll. Sie ist mit einem Gemälde geschmückt, das den Zaren in Zimmermannstracht zeigt, so wie er sie vielleicht in den Saardamer Tagen getragen haben könnte. Dieses Saardam ist das am Ufer der Zaan – gesprochen: Sahn – gelegene frühere Zaandam. Hier also lassen die vielen, die sich der Episode *Peters* für die Literatur bemächtigten, auch *Lortzing*, die Handlung spielen. Es handelt sich daher um einen historischen Kern, um den viel Phantasie gerankt wurde. Dies trifft bei *Lortzing* besonders für die kleine Liebesgeschichte zu, die er der »Staatsaffaire« rund um den Zaren als vermenschlichendes Element – wie im Singspiel unerläßlich – an die Seite gestellt hat.

14. Staatsaffären allein ergeben keinen Singspielstoff; für einen solchen ist eine gute Dosis Liebe nahezu Vorschrift. (Anders liegt der Fall in der Oper, zumindest theoretisch; aber als *Mussorgskis* großartiger »Boris Godunow« in seiner ersten Fassung völlig wirkungslos blieb, mußte »zur Rettung« eine Liebeshandlung eingefügt werden ...) Aber nicht nur wegen der Liebesgeschichte zwischen Marie und Iwanow wäre es schwer, »Zar und Zimmermann« zur politischen Oper stempeln zu wollen; es wäre der gleiche Fehler, den man begeht, wenn man in *Mozarts* »Figaro« klassenkämpferische Züge in den Vordergrund stellt. Geradeso wie *Mozart*

war auch *Lortzing* kein revolutionärer, umstürzleri-
scher Charakter; was nicht besagen will, daß nicht beide
freien, ja freiheitlichen Lebensanschauungen huldigten,
soweit sie mit dem Autoritätsdenken ihrer Zeit, dem
beide verpflichtet waren, vereinbar sind. *Lortzings*
Freundschaft mit *Robert Blum,* dem Führer der demo-
kratischen Partei im Frankfurter Parlament, der 1848
als einer der Anführer des Volksaufstands zum Tode
verurteilt und erschossen wurde, war menschlicher,
kaum politischer Natur. *Blum* war vom Theaterdiener
zum Sekretär des Direktors *Ringelhardt* aufgestiegen,
berufliche Interessen verbanden ihn geradeso wie persönliche Sympathie mit dem Schauspieler und Komponisten *Lortzing*. In »Zar und Zimmermann« zeichnete
dieser die Gestalt *Peters des Großen* keineswegs kritisch,
wie man es von einem geheimen Revolutionär vielleicht
hätte erwarten können. *Peter I.* erweist sich in *Lortzings*
Oper als durchaus gewinnende Gestalt: ein arbeitsamer
Zimmermann, ein guter Kamerad, ein Idealist, der seinem Volke Wohlstand, Glück und reiche Zukunft bringen möchte. Daß er mehrmals gefährlich aufbraust, gehört zu den menschlich verständlichen Zügen der Herr-
scherfigur. Der Tod, den er den Verschwörern gegen
sein Regime in der Heimat androht, entspricht der Pra-
xis in solchen Situationen – in vielen, vielen Ländern bis
zum heutigen Tage. Da *Lortzing* die Zuspitzung der
Lage in Rußland als dramatisches Element der Handlung dringend braucht – wie sonst wäre die sehr plötzliche Abreise des Zaren zu motivieren? –, ist es auch legi-
tim, seine Reaktionen beim Erhalt dieser Nachrichten
in Zornesausbrüchen darzustellen. Ob schließlich die
offenkundige »Bevorzugung« des französischen Gesandten gegenüber dem englischen eine politische Nu-
ance darstellt, ist schwer zu beantworten; für *Lortzing*
sind sie wohl beide nichts anderes als Lustspielfiguren:
elegant, weltgewandt der eine, ein wenig ungeschickt
und darum zum Alliierten des komischen Bürgermeisters van Bett ausersehen der andere. Im übrigen

Friedrich Sebald Ringelhardt
Direktor des Leipziger Stadttheaters zur Zeit der
Uraufführung von »Zar und Zimmermann«

stammt ihre Charakterzeichnung nicht von *Lortzing:*
Sie ist im französischen Lustspiel vorgebildet. Und dort
ist sie wohl aus »nationalen« Motiven erklärlich.
Warum hätte *Lortzing* etwas daran ändern sollen?

15. Die von *Lortzing* ausgefeilte Handlung ist glänzend geführt, das ununterbrochene Ineinanderspiel von Staats-
affäre und Privatkonflikten, die Gegenüberstellung des
ernsten Zaren und des lächerlichen Bürgermeisters sichern ihr Abwechslung und Interesse, ja sogar Spannung, was bei Singspielen und Spielopern nicht leicht zu

erreichen ist. Trotzdem haben schon die frühesten Beurteiler gemeint, der Erfolg von »Zar und Zimmermann« beruhe auf den Rollen, und neuzeitlichere Betrachter haben es nachgesagt und -geschrieben. Wir möchten das nicht so uneingeschränkt gelten lassen und ein Wort für *Lortzings* dramaturgisches Geschick einlegen, aber unser Standpunkt ist nicht leicht zu vertreten, da wir den gewichtigsten Zeugen gegen uns haben: *Lortzing* selbst. Der äußerte bei einem Kaffeehausgespräch mit dem schon mehrfach erwähnten *J. C. Lobe* einmal: »Rollen heißt das Zauberwort, welches dem dramatischen Dichter wie dem Komponisten die Pforten der Bühnen öffnet . . . Am besten reüssiert man mit solchen Partien, die selbst von geringeren Theatersubjekten[1]) nicht tot zu machen sind, die sich von selbst spielen, wie im ›Zar‹ der Bürgermeister und Peter der Große. Mit der ersten Rolle ist noch keiner durchgefallen, und ebenso kann als Zar keiner durchfallen, wenn er nur sein Lied tonvoll herauszuschmachten weiß . . .«

Über die Rollen der Oper »Zar und Zimmermann« hat *Lortzing* sich auch in mehreren Briefen ausgelassen. So schreibt er am 21. März 1844, also mehr als sechs Jahre nach der Uraufführung dieses Werkes, an den Musiker und Literaten *Karl Gollmick* (1796–1866): ». . . Sie sagen und behaupten, gute Musik sei das belebende Prinzip guter Opern – sehr wahr, wenn nota bene der Text kein schlechter ist, und dennoch haben wir Beweise, daß Opern, in denen sich beides vereinte, nichts gemacht haben[2]). Woran liegt das? An der Darstellung; es gibt einen Genre[3]), den unsere guten Deutschen nun einmal platterdings nicht fassen können. Sie führen mir ›Figaros Hochzeit‹ an. Ich halte das Buch, wenn auch für etwas frivol – aber doch für gut. Die Musik, darüber sind wir

[1]) gemeint sind mittelmäßige oder schlechte Schauspieler oder Sänger.
[2]) älterer Theaterausdruck für »keinen Erfolg haben«.
[3]) Gattung, Spielart, französisches Wort, das heute im Deutschen als Neutrum gebraucht wird: das Genre.

wohl beide einverstanden, ist – nicht übel! – Auf wie wenig Repertoiren hält sich die Oper, kann sie sich halten? – weil die Darsteller fehlen. Wo finden Sie jetzt einen Grafen, einen Figaro, eine Susanne, die den Anforderungen an Spiel und Gesang genügen? – Mit meinem ›Zaren‹ – halten Sie mich nicht für einen arroganten Kerl, weil ich von Mozarts göttlichem ›Figaro‹ auf mich komme – mit meinem ›Zaren‹, sage ich, war es ein eigen Ding. Mag sein, daß das Sujet[1]) etwas Pikantes hat, mag sein, daß mir die Musik nicht mißglückt ist – die Oper ist auch leicht darzustellen und die letztere Eigenschaft hat nicht wenig dazu beigetragen, sie durch die Welt zu bringen. Nehmen Sie jede Rolle und Sie werden mir recht geben. Der Bürgermeister ist nicht umzubringen, wie man zu sagen pflegt, Buffos mit und ohne Spiel haben sich daran versucht und alle Glück gemacht. – Der Zar kann steifer sein, als man es vom Sänger verlangt, versteht er nur das Lied im 3. Akt gehörig zu säuseln, so hat er gewonnen. Die Marie ist im Gesang nicht bedeutend, und daher leicht zu finden. Den Iwanow habe ich damals auf meine[2]) umfangreiche Stimme zugeschnitten, er ist also auch leicht durch einen singenden Schauspieler zu repräsentieren. Der Marquis ist ebenfalls nicht bedeutend, ist er gut, desto besser, ist er schlecht, so hat er auf den Totaleffekt zu wenig Einfluß . . .«

Über die Glanzrolle des »klugen und weisen« Bürgermeisters van Bett hat *Lortzing* sich des öfteren geäußert; einmal so: ». . . Einige übertreiben und das ist nicht gut. Die Rolle ist durchaus nicht zum Faxenmachen geeignet . . .«

16. Aus dem langen Brief an *Gollmick* sei noch eine Stelle kommentiert. *Lortzing* schreibt, daß »Figaros Hochzeit« nur auf wenigen Spielplänen zu finden sei, und schiebt die Schuld der unbestrittenen Schwierigkeit der Wiedergabe zu. Aber – mit Ausnahme vielleicht der

---

[1]) Stoff einer literarischen Arbeit.
[2]) hier könnte ein »nicht« fehlen, wenn die Stärke der Stimme gemeint ist; bezieht es sich aber auf den Tonumfang, so ist die Fortsetzung unklar.

»Zauberflöte« – *Mozarts* Werke gehörten im 19. Jahrhundert überhaupt nicht zu den vielgespielten. Brauchte ein Meisterwerk wie »Figaros Hochzeit«, längst von den Fachleuten in seinem wahren Wert erkannt, wirklich über ein Jahrhundert, um von der gesamten Musikwelt gebührend bewundert zu werden?

17. Als Kuriosum sei erwähnt, daß in »Zar und Zimmermann«, dem Musterbeispiel einer deutschen komischen Oper, eines deutschen Singspiels im Opernrang, eines »deutschen Komponisten« (wie *Lortzing* sich selbst gerne betitelte), der von vielen als wahrhaft »urdeutsch« empfunden wird, Vertreter von vier Nationen auf die Bühne kommen: Russen, Holländer, Engländer, Franzosen. Aber kein einziger Deutscher.

18. *Puccini* nannte sich einmal den »Komponisten der kleinen Dinge«; in der »Bohème« etwa findet er ergreifende Klänge für Mimis »rosa Häubchen«, ihren Muff, den leisen Schneefall im grauen Pariser Wintermorgen und manches andere scheinbare »Detail«, aber seine Themen sind die großen, die größten der Menschheit: Liebe und Tod in unlöslicher Verknüpfung. Um wieviel eher könnte man *Lortzing* als den Komponisten der »kleinen Dinge« bezeichnen! Ihm haftet – und dies soll als Ehrentitel und keineswegs geringschätzig gemeint sein – etwas Biedermeierliches an, etwas zärtlich Kleinbürgerliches, Kleinstädtisches. Das ist die Welt, die er am liebsten und besten auf die Bühne bringt, deren Gestalten er belauscht und besingt. Er erkennt sie, durchschaut sie, karikiert sie ein wenig, gutmütig stets, beinahe wohlwollend, weil er irgendwo – trotz seines Künstlertums – ihnen verwandt ist. Seine Werke sind keine Parodien (wie es etwa *Offenbachs* Singspiele sind), sondern Genrebildchen, die von großen Biedermeiermalern stammen könnten: von *Moritz von Schwind, Karl Spitzweg, Ludwig Richter, Alfred Rethel.* Wie weit entfernt ist *Lortzing* nicht nur von *Offenbach*, sondern auch von seinem Landsmann und Zeitgenossen *Felix Mendelssohn!* Um den weht stets die Luft der wei-

ten Welt, um *Lortzing* liegt der Duft, der Geruch der Heimat, der Scholle, des Volkstümlichen. Er war im besten Sinne ein Künstler des Volkes. Das hat mit Wert oder Tiefe der Werke nichts oder nur am Rande zu tun. Er ist volkstümlicher als *Mozart* – der es eigentlich ganz nur in der »Zauberflöte« ist – und nähert sich dem *Schubert* des »Lindenbaums«, der Lieder von Bächlein und Wandern. Irgendwie ist er *F. Silcher* verwandt, dem Komponisten der »Lorelei« und anderer Melodien, die Volksgut wurden. Er steht zwischen Kunstmusik und Volksmusik, zwischen denen in jener glücklichen Stunde kein Abgrund lag. Seine Kunst ist volkstümlich, und seine volksnahe Art beruht auf viel Kunst.

Die Lebensdaten der Familie und des Komponisten Lortzing

1630 Der älteste nachweisbare Ahne Albert Lortzings, Hans Lortzing, in Kahla/Thüringen geboren, wo er später das erbliche Amt eines Scharfrichters ausübte.

1653 Dessen Sohn, Johann Heinrich Lortzing, in Kahla geboren, von wo er später in das ebenfalls thüringische Ohrdruf übersiedelte.

1687 Der Urgroßvater des Komponisten, Johann Jakob Lortzing, in Ohrdruf geboren. Er könnte am dortigen Lyceum (Gymnasium) dem um zwei Jahre älteren Johann Sebastian Bach begegnet sein, der diese Schule von 1694 bis 1700 besuchte.

1738 Johann Heinrich Lortzing, der Sohn des Vorgenannten Johann Jakob und Großvater des Komponisten, wird in Dressigacker bei Meiningen geboren, wohin sein Vater wahrscheinlich 1716, im Jahre seiner Eheschließung mit Eva Margarethe Kromling, gezogen war.
Nach dem Tode seines Vaters (1762) zieht Johann Heinrich Lortzing nach Berlin, begann in untergeordneten Stellungen, wurde Schreiber, dann Buchhalter eines Weißgerbers, machte sich als Lederhändler selbständig und erwarb ein Haus (Berlin, Breite Straße 33, später in die Wirtschaftsgebäude des königlichen Schlosses einbezogen).

1775 Dessen Sohn Johann Gottlieb Lortzing, der Vater des Komponisten, wird am 12. Mai 1775 in Berlin geboren; er heiratet 1799 Charlotte Sophie Seidel, die damals 19jährige Tochter einer französischen Emigrantenfamilie. Aus der Ehe ging zuerst die Tochter Albertine, dann der Sohn Gustav Albert hervor.

1801 Am 23. Oktober nachmittags gegen 5 Uhr wird *Gustav Albert Lortzing* im Berliner Hause seiner Eltern geboren. Er wird am 29. November getauft. Über den Beginn seines musikalischen Interesses sowie seiner

Studien auf diesem Gebiet sind keine genauen Angaben überliefert; sie wollen schon »sehr früh« erfolgt sein. Laut seinen autobiographischen Skizzen will er schon als Kind »komponiert« haben. Klavierspielen lernte er bei Johann Heinrich Griebel, einem Mitglied der Hofkapelle, Musiklehre und Theorie bei Karl Friedrich Rungenhagen, der im Berliner Musikleben als Nachfolger Zelters in der Leitung der bedeutenden Singakademie eine Rolle spielte.

1811 Der Vater muß im Zuge einer allgemeinen, durch die Napoleonischen Kriege verschärften Wirtschaftskrise sein Geschäft liquidieren, das er von seinem drei Jahre zuvor verstorbenen Vater geerbt hatte. Er folgt nun, gemeinsam mit seiner Gattin, den schon lange gehegten und auch im Berliner Theaterverein »Urania« gepflegten Neigungen schauspielerischer Art und begann eine Bühnenlaufbahn. Das erste professionelle Engagement hatte er in Breslau angenommen, wo er am 4. Januar 1812 debütierte. Gelegentlich wirkten beide Eltern gemeinsam auf der Bühne, und bald steht auch Gustav Albert in Kinderrollen auf den Brettern, der nun, nach dem frühen Tode seiner Schwester, einziges Kind ist.

1812 Schon einige Monate nach dem Breslauer Debüt beginnt das unstete Wanderleben der Familie, wobei von einem geregelten Schulbesuch Lortzings keine Rede sein kann. Die Eltern geben sich größte Mühe, den Sohn zu einem in damaliger Bildung wohlbeschlagenen Jüngling zu machen; in den »schönen Künsten«, vor allem der Literatur, dem Theater, der Musik dürften seine Kenntnisse schon recht früh überdurchschnittlich gut genannt werden.

1813 Nach kurzer Tätigkeit in Coburg werden die Lortzings nach Bamberg engagiert. Ihre materielle Lage erreicht immer wieder Tiefpunkte, die man kaum anders als bittere Armut bezeichnen kann.

1814 Von Bamberg nimmt ihr Direktor, Carl August von Lichtenstein, die Familie Lortzing mit nach Straßburg, doch noch im gleichen Jahre finden wir sie im Theater in Freiburg/Breisgau, das im Sommer Vorstellungen in Baden-Baden gibt. Auch hier scheint der nun dreizehnjährige Albert nicht nur Kinderrollen verkörpert, sondern auch auf der Bühne humoristische Gedichte rezitiert zu haben.

1817 Die Familie Lortzing findet Engagement im rheinischen Theater, das Köln, Bonn, Aachen, Düsseldorf und Elberfeld bespielt.

1819 Albert Lortzing, nun 18jährig, tritt zum ersten Male als »jugendlicher Liebhaber« im Schauspiel und als Opernsänger im Tenor- wie im Baritonfach (!) auf.

1820 Friedrich Sebald Ringelhardt übernimmt das Kölner Theater, in dessen Ensemble die drei Familienmitglieder Lortzing wirken und als neue Kraft Rosina Regina Ahles eintritt, mit der Albert Lortzing sich verlobt.

1824 Am 30. Januar 1824 heiraten Albert Lortzing und Rosina Regina in Köln. In der Folgezeit finden wir auf Programmen des Theaters manchmal alle vier Lortzings vereint, was nach damaligem Bühnenbrauch so aussieht: Madame Lortzing die Ältere, Herr Lortzing der Ältere, Madame Lortzing die Jüngere, Herr Lortzing der Jüngere.

1826 Das junge Paar nimmt ein Engagement in Detmold an, dessen Theater neben dieser Stadt auch Münster, Osnabrück und Bad Pyrmont bespielt. Die Eltern verbleiben ihm rheinischen Theater. In der kleinen, aber kunstliebenden Residenzstadt Detmold fühlt das junge Paar sich, trotz bescheidenster Umstände, recht wohl, und es schließt eine Reihe künstlerischer und menschlicher Kontakte, so mit dem bekannten Dramatiker Christian D. Grabbe, der aus einem Feind zum Freund wird und dessen »Don Juan und Faust« Lortzing mit Bühnenmusik versieht.

1827 Lortzing gastiert in Hamburg, aber ein Engagement kommt dort nicht zustande.

Silhouette Albert Lortzings
in seiner Detmolder Zeit

1828 Am 1. Februar 1828 wird in Münster Lortzings erstes
Singspiel »Ali Pascha von Janina oder die Franzosen
in Albanien« uraufgeführt; am 15. November in der
gleichen Stadt sein Oratorium »Die Himmelfahrt Jesu
Christi«.

1829 Lortzing gastiert in Köln, wo er seine Eltern wieder-
sieht und gemeinsam mit ihnen auf der Bühne steht.
In Osnabrück findet am 20. November die erste Aufführung des von ihm neu bearbeiteten Singspiels »Die
Jagd« nach Johann Adam Hiller statt.

1832 Am 11. Oktober 1832 erfolgt in Osnabrück die Uraufführung von Lortzings Sing- oder Liederspiel »Der Pole und sein Kind oder Der Feldwebel vom IV. Regiment«.

Er beendet »Andreas Hofer«, der aber von der Zensur nicht zur Aufführung freigegeben wird. (Er erklingt erst 55 Jahre später, am 14. April 1887 in Mainz, unter der Leitung des »Donna Diana«-Komponisten Emil Nikolaus Freiherr von Reznicek, der ihn ein wenig »modernisiert« hat.)

Am 21. Dezember 1832 kommt es zur Premiere der »Launigten Szenen aus dem Familienleben« (auch »Vaudeville« untertitelt): »Der Weihnachtsabend«, bei dem Lortzing nach damaligem Brauch bekannte Melodien, vor allem von Mozart, verarbeitet hat.

Ähnlich ist auch ein weiteres in diesem Jahre vollendetes Singspiel geartet, »Szenen aus Mozarts Leben«, das aber nicht zur Aufführung kam.

1833 Der Kölner Theaterdirektor Friedrich Sebald Ringelhardt übernimmt das Leipziger Stadttheater im Jahre 1832, nimmt Lortzings Eltern dorthin mit und engagiert ihn selbst im Juli 1833. Wenn auch das geschäftige Leipzig den an ruhige Städtchen gewohnten Lortzings anfangs nicht recht gefallen will, so schließt Albert hier doch eine Reihe von Freundschaften, die ihn, trotz oftmaliger räumlicher Trennung, sein Leben lang begleiten werden. Sie spielen als Briefpartner, manche auch als Chronisten und Biographen seiner Existenz eine wichtige Rolle (so Philipp Jakob Düringer, Philipp Reger).

Zu seinen Freunden zählt auch Robert Blum, mit dem er eine (verschollene) Oper, »Die Schatzkammer des Inka«, schreibt und dessen aus einfachsten Verhältnissen bewegt aufsteigendes Leben in den Wiener Revolutionstagen von 1848 durch Hinrichtung endet. Lortzing tritt dem Leipziger »Tunnel-Verein« bei, einer »literarisch-artistischen Gesellschaft«, deren musikalischer Leiter er wird.

Albert Lortzings Wohnhaus in Leipzig

1834 Lortzing, der schon früher der Freimaurerei nahe-
stand, wird Mitglied einer ihrer Leipziger Logen. In
dieses Jahr fällt ein Gastspiel in Weimar.

1835 Gastspiel in Berlin ohne Engagementsfolgen. Beginn
der Arbeit an der ersten abendfüllenden komischen
Oper »Die beiden Schützen«.

1837 Am 20. Februar 1837 findet im Leipziger Stadttheater die Uraufführung der »beiden Schützen« mit sehr
starkem Erfolg statt.
Sofort wendet Lortzing sich einer neuen Oper zu:
»Zar und Zimmermann«, die an gleicher Stelle am
22. Dezember 1837 erstmals erklingt, ohne den gleichen aufsehenerregenden Erfolg der vorangegangenen zu finden.

1839 Die Berliner Premiere von »Zar und Zimmermann«
am 4. Januar 1839 bringt dem Werk den entschei-
denden Durchbruch. Am Leipziger Theater wird am
20. September Lortzings nächste komische Oper
»Caramo oder Das Fischerstechen« uraufgeführt.

Berlin – hier wurde Albert Lortzing 1801 geboren,
und hier starb er 1851.

1840 Am 23. Juni 1840 erklingt Lortzings komische Oper
»Hans Sachs« erstmals in Leipzig.

1841 Am 2. Dezember 1841 stirbt Lortzings Vater. Am
31. Dezember geht seine Oper »Casanova« in Leipzig
erstmals in Szene.

1842 Zum 50jährigen Gründungsfest der Berliner »Urania« führt Lortzing dort sein Festspiel »Uranias Festmorgen« auf. – Am 31. Dezember 1842 erfolgt in
Leipzig die Uraufführung seiner komischen Oper
»Der Wildschütz oder Die Stimme der Natur«.

1844 Der Leipziger Theaterdirektor Carl Christian
Schmidt, Nachfolger Ringelhardts, ernennt Lortzing
zum Kapellmeister.

1845 In Magdeburg wird am 21. April 1845 Lortzings neue
»romantische Zauberoper«, betitelt »Undine«, erstmals gegeben. Vier Tage später, am 25. April, folgt
die erste Aufführung in Hamburg.
Zur gleichen Zeit erhält Lortzing seine Kündigung als
Kapellmeister in Leipzig, wobei sein »angegriffener

Gesundheitszustand« als Vorwand angeführt wird. Die Wahrheit dürfte sowohl in Intrigen verschiedenster Art wie ein wenig auch in der Unerfahrenheit Lortzings auf diesem Gebiet zu suchen sein.

1846 Franz Pokorny, Direktor des Wiener »Theaters an der Wien«, schließt mit dem stellungslosen Lortzing einen Vertrag ab, seine neue komische Oper »Der Waffenschmied« bei der dortigen Uraufführung persönlich zu leiten. Die Premiere, mehrfach verschoben, findet am 30. April 1846 statt. Der Erfolg führt zum Engagement Lortzings als Kapellmeister der aufstrebenden Wiener Bühne (die mit Beethovens Wirken eng verknüpft war)[1]). Wien scheint Lortzing gewogen, drei seiner Werke stehen gleichzeitig auf den Spielplänen der glanzvollen Stadt: »Zar und Zimmermann« in der Hofoper, »Der Waffenschmied« im Theater an der Wien sowie »Die beiden Schützen« an einer weiteren Vorstadtbühne. Doch muß sofort betont werden, daß Aufführungen von Werken dem Autor kaum materielle Vorteile boten, ja daß viele Bühnen nicht einmal die unbedeutende Pauschalsumme entrichteten, die bei Vertragsabschluß zu zahlen war. – Am 12. Dezember 1846 stirbt Lortzings Mutter.

1847 Am 13. Dezember 1847 erklingt in Leipzig zum ersten Mal Lortzings letzte abendfüllende komische Oper »Zum Großadmiral«.

1848 Lortzing beginnt die Arbeit an seiner Oper »Regina«, zu deren Aufführung es dann – wahrscheinlich wegen der politischen Unruhen jener Zeit – nicht kommt. Auch das Theater an der Wien leidet unter den revolutionären Zuständen und kündigt Lortzing. Wiederum brotlos und in schwierigster Lage, muß er, körperlich heruntergekommen, zu mühseligen Schauspieltourneen auf kleinen Bühnen greifen.

[1]) Siehe unseren Band »Fidelio« Nr. 33 002.

1849 Das Leipziger Theater spielt am 25. Mai 1849 erstmals »Rolands Knappen oder Das ersehnte Glück«,
Lortzings »komisch-romantische Zauberoper« und
letztes abendfüllendes Werk.

1850 Während eines Gastspiels in Lüneburg erreicht Lortzing der Antrag, Kapellmeister am neuen Friedrich-Wilhelmstädtischen Theater in Berlin zu werden.
Trotz sehr schlechter Bedingungen muß er annehmen; auch hofft er, auf diese Weise mit seiner Familie
vereint leben zu können, was bei den zahlreichen
Gastspielen unmöglich ist. In Berlin komponiert
Lortzing einige kleine Gelegenheitswerke: »Eine
Berliner Grisette«, »Ein Nachmittag in Moabit« u. a.

1851 Am 20. Januar 1851 wird in Frankfurt/Main Lortzings Einakter »Die Opernprobe« uraufgeführt.
Am nächsten Tage, dem 21. Januar 1851, um 8 Uhr
morgens starb Lortzing in Berlin. Seine Gattin über-
lebte ihn um dreieinhalb Jahre; sie starb in ärmlich-
sten Verhältnissen am 13. Juni 1854.

Die Bühnenwerke Albert Lortzings

1. »Ali Pascha von Janina oder
   Die Franzosen in Albanien«,
   Singspiel, 1 Akt   1824
2. »Die Jagd«, Komische Oper,
   Musik von J. A. Hiller,
   neubearbeitet von Lortzing   1830
3. »Der Pole und sein Kind oder
   Der Feldwebel vom IV. Regiment«,
   Liederspiel, 1 Akt (Vaudeville)   1832
4. »Der Weihnachtsabend« (Launigte Szenen
   aus dem Familienleben), Vaudeville, 1 Akt,
   unter Verwendung von Melodien Mozarts   1832
5. »Szenen aus Mozarts Leben«,
   Singspiel mit Musik
   von W. A. Mozart, 1 Akt   1832
6. »Andreas Hofer«, Singspiel, 1 Akt   1832
7. »Die Schatzkammer des Inka«,
   Tragische Oper (verschollen)   1836
8. »Die beiden Schützen«,
   Komische Oper, 3 Akte   1837
9. »Zar und Zimmermann«,
   Komische Oper, 3 Akte   1837
10. »Caramo oder Das Fischerstechen«,
    Komische Oper, 3 Akte   1839
11. »Hans Sachs«, Komische Oper, 3 Akte   1840
12. »Casanova«, Komische Oper, 3 Akte   1841
13. »Uranias Festmorgen«, Festspiel   1842
14. »Der Wildschütz oder Die Stimme der Natur«,
    Komische Oper, 3 Akte   1842
15. »Undine«, Romantische Zauberoper, 4 Akte   1845
16. »Der Waffenschmied (von Worms)«,
    Komische Oper, 3 Akte   1846
17. »Zum Großadmiral«, Komische Oper, 3 Akte   1847
18. »Regina«, Oper, 4 Akte   1848
19. »Rolands Knappen oder Das ersehnte Glück«,
    Komisch-romantische Zauberoper, 3 Akte   1849

20. »Die Opernprobe oder Die vornehmen
    Dilettanten«, Komische Oper, 1 Akt   1851

Ferner existieren »Possen« (z. B. »Eine Berliner Grisette«,
»Ein Nachmittag in Moabit«), ein »Märchen« (»Die drei
Edelsteine«), ein »Vaterländisches Drama« (»Friedrich von
Schill«), an die zwei Dutzend Bühnenmusiken (u. a. zu Ko-
mödien und Schauspielen von Goethe, Grabbe, Kotzebue,
Nestroy, Schiller) sowie einzelne Musikstücke für Einlagen
und zu anderweitigem szenischen Gebrauch.

Tempobezeichnungen

Grave: Schwer, lastend, äußerst langsam
Largo: Äußerst langsam
Larghetto: Etwas fließender, aber immer noch sehr langsam
Adagio: Sehr ruhig und langsam
Adagietto: Etwas weniger langsam
Moderato: Mäßig, eher langsam
Andante: Gehendes Zeitmaß, fließend, nicht zu langsam,
 aber ruhig
Andantino: Etwas bewegter als Andante
Allegretto: Flüssigeres Zeitmaß
Allegro: Lebhaftes, ziemlich schnelles Zeitmaß
Vivace: Sehr lebhaft, eher etwas bewegter als Allegro
Presto: Sehr schnell und bewegt
Prestissimo: Äußerst geschwind.

Diese Grundbegriffe können durch Beiworte noch weiter abgestuft werden. Das Wort *molto* (sehr) steigert die Grundtendenz: *Allegro molto* ist schneller als *Allegro, Adagio molto* ruhevoller als *Adagio. Con moto* ist ein Zusatz, der etwa »mit Bewegung« verlangt, *Andante con moto* bedeutet also ein ruhiges, aber doch (vor allem innerlich) bewegtes Zeitmaß. *Con fuoco* bedeutet »mit Feuer«, »mit Temperament«, *appassionato* »leidenschaftlich« (*Allegro appassionato* also ein schnelles, vor allem leidenschaftlich erregtes Zeitmaß), *non troppo* heißt »nicht zu sehr«, schwächt also den Hauptbegriff ein wenig ab: *Allegro ma non troppo* verlangt ein zwar schnelles, aber nicht überhetztes Zeitmaß. *Con brio* wäre am ehesten mit »schwungvoll« zu übersetzen: *Allegro con brio* bedeutet ein schwungvolles, rasches Zeitmaß. Die Übergänge von einem langsameren zu einem schnelleren Tempo werden durch das Wort *accelerando; acc,* (beschleunigend) oder auch *stringendo* (schneller werdend), die umgekehrten durch *ritardando,* auch *ritenuto* oder *allargando* (langsamer werdend) verlangt.

DYNAMISCHE BEZEICHNUNGEN (Stärkegrade)

ppp (eventuell sogar pppp): So leise wie möglich, extrem
   leise

pp, pianissimo: Sehr leise

p, piano: Leise

mp, mezzopiano: Mittelstark, eher leise

mf, mezzoforte: Mittelstark, eher stark

f, forte: Stark

ff, fortissimo: Sehr stark

fff (eventuell sogar ffff): So stark wie möglich, extrem laut

Auch diese Begriffe können durch Zusatzbezeichnungen
differenziert werden. *Assai* bedeutet ungefähr »ziemlich«,
molto »sehr«. Für alle diese (italienischen) Ausdrücke haben sich im 19. Jahrhundert auch deutsche Bezeichnungen
eingebürgert. International aber gelten nur die italienischen.

Erläuterung musikalischer Fachausdrücke

Ariette: kleine Arie, kürzer und einfacher in der Form als diese, zumeist auch bescheidener in den stimmlichen Anforderungen.

Buffo-Oper, »Opera buffa«: Lustspielartiges Musiktheater. (Gegensatz: »Opera seria«, die ernste Oper.) Begriffe aus dem 17. und 18. Jahrhundert, später seltener gebraucht.

Bordun: Eine Saite oder Pfeife, die nur einen (tiefen, anhaltenden) Ton spielen kann. → Dudelsackquinte.

Dudelsackquinte: Langanhaltende, → bordunartige Begleitung einer Melodie mit leerer Quinte nach der charakteristischen Spielweise des Dudelsacks, bei der das Spiel auf einer oder mehreren Melodiepfeifen von den ständig mitklingenden Bordunpfeifen begleitet wird.

Finale: Schlußteil eines Werkes oder, wie im Falle der Oper, auch ihrer Akte. Zumeist erfolgt in den Finales eine Ballung und Verstärkung der dramatischen und musikalischen Elemente.

Intervall: Abstand zweier Töne. Am besten vor einer Klaviatur zu erklären. Von einem Ausgangspunkt (etwa C) gemessen, bedeutet der Schritt zur nächsten (weißen) Taste eine Sekunde, zur dritten eine Terz. Es folgen Quarte, Quinte, Sexte, Septime und Oktave (bei der wir am höheren C angelangt sind). Aber unsere komplizierte Musiktheorie läßt es bei so einfachen Regeln nicht bewenden. Sie stellt noch fest, daß es von den Intervallen verschiedene Abstufungen gibt: große Intervalle, kleine, übermäßige, verminderte und reine. Um nur ein einziges Beispiel zu geben: C–E bedeutet eine große Terz, C–Es aber eine kleine.

Kadenz: Hat eine musikalische Doppelbedeutung: Abschluß oder Zwischenschluß eines Stückes mit deutlichen Harmoniefolgen (Akkorden), die in der Harmonielehre niedergelegt sind.

In der Instrumentalmusik hat das Wort »Kadenz« die

Bedeutung einer frei improvisierten Stelle des Solisten, ohne jede Begleitung, kurz vor Ende eines Satzes.

Koloratur: Rasche Läufe, Akkordbrechungen, Stakkatopassagen usw., zumeist in hohen Stimmlagen, Bestandteil der Belcanto-Technik. Besonders häufig in der italienischen Oper bei Sopranen (»Koloratursopran« ist ein Stimmfach, von dem die Beherrschung dieser Technik besonders gefordert wird), aber auch bei Tenören; in Rossini-Opern besonders auch bei Mezzosopranen.

leggieremente, ital.: leicht, froh, vorüberhuschend, unbeschwert.

Opera buffa: Siehe »Buffo-Oper«.

Opéra comique: Die französische komische Oper, Gegenstück zur italienischen *Opera buffa* und dem deutschen Singspiel, auch Spieloper genannt. Eines der beiden ständigen Pariser Operntheater führt den Namen »Opéra Comique« und weist eine alte, bedeutende Geschichte auf.

Parlando(stil): Sprechgesang, dem vor allem in der italienischen Oper gebrauchten → Rezitativ ähnlich.

Quarte: Der Tonabstand vom 1. zum 4. Ton einer Leiter, also z. B. C−F; ebenso natürlich auch D−G, E−A usw.; *übermäßige −:* Eine um einen Halbton vergrößerte Quarte, also z. B. C−Fis, D−Gis usw.

Quartett: Gesangsstück für vier zumeist in der Stimmlage verschiedenartige Sänger; auch Stück für vier Instrumente.

Quinte, leere −: Unsere Streichinstrumente sind – mit Ausnahme des Kontrabasses – in Quinten gestimmt, die Geige z. B. auf G−D−A−E. Streicht man zwei der Saiten »leer«, d. h. ohne Fingeraufsatz der linken Hand an, so entsteht eine »leere Quinte«. Ein Dreiklang ohne Terz (also ohne Mittelton) ergibt eine »leere Quinte«. Deren klanglicher Eindruck kann von gewisser Spannung oder sogar unheimlicher Stimmung sein, also einen tonmalerischen Effekt ausüben.

Rezitativ: Sprechgesang mit musikalischer Stützung, Begleitung oder Untermalung. In der älteren Oper sowohl als

»Secco-« (unbegleitetes) wie als »Accompagnato-Rezitativ« bekannt, wobei sich der Unterschied nur auf die Verwendung bzw. Nichtverwendung des Orchesters bezieht, nicht auf die im Secco-Rezitativ stets vorhandene Begleitung des Cembalos, das eventuell durch ein tiefes Streichinstrument verstärkt werden kann.

Sexte: →Intervall. Der Zwischenraum zwischen einem Ton und einem andern, der um 6 Töne von ihm entfernt ist (wobei nur die Grundtöne, die »weißen Tasten« gezählt werden).

Sextett: Gesangsstück für sechs zumeist in der Stimmlage verschiedenartige Sänger; auch Stück für sechs Instrumente.

Singspiel: Frühe Form der deutschen Oper. Von volkstümlichem Charakter und mit gesprochenen Dialogen zwischen den einzelnen Musiknummern.

Stretta: Schlußteil einer italienischen Arie oder eines Ensembles, oft mit einem Schnellerwerden (Accelerando) oder einer anderen Form der Steigerung verbunden. Stretto (als Vortragsbezeichnung): straffer, schneller, dynamisch oder tempomäßig gesteigert.

Terz: →Intervall. Der Zwischenraum zwischen einem Ton und einem anderen, der um 3 Töne von ihm entfernt ist (wobei nur die Grundtöne, die »weißen Tasten« gezählt werden).

Tremolo: Ein instrumentaler und Orchester-Effekt der Streichinstrumente, durch rasche Hin- und Herbewegung des Bogens auf dem gleichen Ton erzeugt.

Triole: Ein rhythmischer Begriff. Wenn ein Notenwert, anstatt in seine zwei Hälften zerlegt zu werden (die halbe Note in zwei Viertel, die Viertel in zwei Achtel usw.), drei Noten gleicher Länge in derselben Zeit unterbringen will, entsteht eine Triole. Sie wird im Notenbild mit einer über die Noten geschriebenen 3 und einem Bogen bezeichnet.

Tutti: Vor allem im Barock übliche Bezeichnung für eine vom ganzen Ensemble wiederzugebende Stelle (»tutti« – alle); im Gegensatz dazu: »Solo« oder »Soli«, wenn mehrere oder ein Solist eine Stelle wiederzugeben haben.

Unisono: Gleichklang, Stimmen oder Instrumente auf dem gleichen Ton vereint. (Zur Aussprache des Wortes: Die Betonung liegt auf dem i, im Sprachgebrauch aber auch manchmal auf dem ersten o.)

Vaudeville: Bühnenstück mit musikalischen Einlagen von leichtfaßlicher, populärer, manchmal sogar gassenhauerischer Melodie. In Paris aufgekommen, verwandt der »ballad opera« Englands, der »zarzuela« Spaniens. Der Name könnte von »voix de ville« stammen, also »Stimme der Stadt« bedeuten – so erklärt ihn Ronsard um 1570 –, oder von »Vau de Vire«, dem Heimatort eines Dichters, dessen satirische Werke um 1450 den Anstoß zu diesem Genre gegeben haben sollen.

Zarzuela: Die spanische Operette oder Spieloper von außerordentlicher Volkstümlichkeit seit etwa 300 Jahren.

Diskographie

Zusammengestellt von Albert Thalmann, Bern/Schweiz
Stand: Januar 1981
(alle Aufnahmen sind in deutscher Sprache gesungen)

P. I.: Peter I., P. Iwan: Peter Iwanow, van B: van Bett, M: Marie, W. B: Witwe Browe, Adm. Lef: Admiral Lefort, M. von Ch: Marquis von Chateauneuf, *Dir:* Dirigent, Or: Orchester, Ch: Chor

1953 P.I.: Horst Günther, P. Iwan: Alfred Pfeifle, van B: Gustav Neidlinger, M: Ellinor Junker-Giesen, W.B: Therese Anders, Adm. Lef: Gustav Grefe, M. von Ch: Walther Ludwig, *Dir: Ferdinand Leitner,* Or & Ch: Staatsoper Stuttgart
Deutsche Grammophon

1966 P.I.: Hermann Prey, P. Iwan: Peter Schreier, van B: Gottlob Frick, M: Erika Köth, W.B: Annelies Burmeister, Adm. Lef: Fred Tescler, M. von Ch: Nicolai Gedda, *Dir: Robert Heger,* Or: Staatsoper Dresden, Ch: Radio Leipzig
HMV/Electrola

1976 P.I.: Hermann Prey, P. Iwan: Adalbert Kraus, van B: Karl Ridderbusch, M: Lucia Popp, W.B: Gudrun Wewezow, Adm. Lef: Alexander Malta, M. von Ch: Werner Krenn, *Dir: Heinz Wallberg,* Or: Münchner Rundfunk, Ch: Bayerischer Rundfunk
Acanta-Bellaphon

Nur als Querschnitt erhältlich

P. I.: Dietrich Fischer-Dieskau, P. Iwan: Friedrich Lenz, van
B: Karl Christian Kohn, M: Ingeborg Hallstein, M. von Ch:
Fritz Wunderlich, *Dir: Hans Gierster,* Or: Bamberger Sym-
phoniker, Ch: Bayerischer Rundfunk
Deutsche Grammophon
P. I.: Eberhard Waechter, van B: Oskar Czerwenka, M:
Hilde Güden, M. von Ch: Waldemar Kmentt, *Dir: Peter
Ronnefeld,* Or: Volksoper Wien, Ch: Wiener Staatsoper
Decca
P. I.: Marcel Cordes, van B: Gottlob Frick, M. von Ch: Fritz
Wunderlich, Adm. Lef: Manfred Schmidt, M: Helga Hilde-
brand, W. B: Emmy Hagemann, *Dir: Berislav Kobucar,* Or:
Berliner Symphoniker, Ch: Deutsche Oper Berlin
Electrola

Diese Diskographie erhebt keinen Anspruch auf Vollstän-
digkeit – Hinweise betreffend Aufnahmen, die nicht erwähnt sind, werden dankbar entgegengenommen.

KURT PAHLEN

wurde in Wien geboren. Sein Vater, Richard Pahlen, war dort in der
Zeit vor dem Ersten Weltkrieg ein berühmter Liedbegleiter, ja möglicherweise der Begründer der auf höchster Stufe stehenden Kunst
der Liedbegleitung. Nach Schulzeiten in Berlin und Wien bezog
Kurt Pahlen in Wien gleichzeitig die Universität und das Konservatorium. Er erwarb das Doktorat der Philosophie mit dem Haupt-
fach Musikwissenschaften. Sehr früh begann er die Laufbahn des
praktischen Musikers. Er dirigierte in den dreißiger Jahren in der
Wiener Volksoper, sowie Sinfoniekonzerte in Radio Wien und vielen europäischen Städten (Paris, Amsterdam, Mailand, Madrid,
Genf, Bern, Zürich, Budapest, Prag, Warschau, Riga usw.), leitete
Chöre, war Dozent an den Wiener Volkshochschulen, wo er auch
ein vielbeachtetes Opernstudio ins Leben rief.
Nach einem einjährigen Aufenthalt in der Schweiz wurde Pahlen
1938 nach Argentinien eingeladen, wo er im März 1939 eintraf, um
nach einigen Gastkonzerten ständiger Chef der Filarmonica Me-
tropolitana von Buenos Aires zu werden. Um dem Mangel an Literatur über musikalische Themen in spanischer Sprache abzuhelfen,

begann er gleichzeitig mit der Publikation von Artikeln und bald auch Büchern, die im lateinamerikanischen Raum stärkste Verbreitung fanden.

Im Jahre 1949 berief die Universität Montevideo Pahlen zur Organisation einer musikwissenschaftlichen Abteilung, deren Ordinarius er wurde. Gleichzeitig begründete er eine ausgedehnte Chorbewegung, leitete die Städtischen Chöre von Montevideo, die zum Modell für ähnliche Bestrebungen in vielen Ländern Südamerikas wurden.

Von der bolivianischen Regierung berufen, richtete Pahlen während mehrerer Monate in diesem Lande musikalische Institutionen ein und hielt Vorlesungen, Kurse und Vorträge. Allmählich trat dieser Aspekt seiner Tätigkeit immer stärker in den Vordergrund und führte ihn oftmals quer durch den ganzen amerikanischen Kontinent. Im Juli 1957 wurde Pahlen zum Direktor des Teatro Colon (Opernhaus von Buenos Aires) ernannt. Seit dem Ende des Zweiten Weltkriegs unternahm er alljährliche Reisen nach Europa, wo er u. a. als Dirigent der Wiener Sinfoniker, der Wiener Staatsoper, mehrerer deutscher Opernhäuser, vieler Orchester gastweise wirkte, sowie in steigendem Maße Vorträge über Themen der Musikgeschichte, der lateinamerikanischen Musik sowie des aktuellen Musiklebens hielt.

Neben vielen anderen Auszeichnungen erhielt Pahlen das Große Ehrenzeichen, das Ehrenkreuz für Kunst und Wissenschaften 1. Klasse der Österreichischen Bundesregierung und eine der höchsten Auszeichnungen des Landes Salzburg, den »Ehrenbecher«. Pahlen ließ sich, inmitten zahlreicher Tourneen um die Welt, Anfang der siebziger Jahre in Männedorf (Kanton Zürich) nieder. Er leitet die »Feierabendkonzerte« (der Schweiz. Bankgesellschaft) in mehreren Schweizer Städten, das »Forum für Musik und Bewegung« sowie die Sommerakademie in Lenk (Berner Oberland), ist Professor am Internationalen Opernstudio des Opernhauses Zürich mit einem Meisterkurs für Operngeschichte und Stilkunde, hält die einführenden Vorträge der Salzburger Festspiele, der Osterfestspiele Salzburg, der Bregenzer Festspiele, der Schubertiade Hohenems, sowie an zahlreichen Opernhäusern Europas. Er ist ständiger Mitarbeiter im Fernsehen und Rundfunk mehrerer Länder. Seine Bücher gehören, in viele Sprachen übersetzt, zu den meistgelesenen ihres Fachs auf der Welt. In alljährlichen Tourneen durch verschiedene Länder Lateinamerikas hält Pahlen seine alten und engen Kontakte mit deren Kulturleben aufrecht, dirigiert Konzerte, hält Kurse und Vorträge in zahlreichen Städten.